学級活動にも使える

読み方いろいろ
音読　言葉あそび

加藤誠則 著

学事出版

はじめに

継続は力なり

と言うには、まだまだではありますが、前著『子どもが熱中！読み方いろいろ音読プリント』に続いての刊行という機会をいただきました。前著を多くの方にお読みいただきましたこと、心より感謝申し上げます。拙著を参考にして、日本の各所において音読の実践がなされたことは、ただただうれしい限りでございます。

また、わたし自身も引き続き、担当する教室において、音読の実践を細々ながら続けてまいりました。その間にも、いくつかのご指摘やご指南もいただきました。まだまだ音読には、追究すべき可能性があるということを感じた次第です。

子どもにはかないません

子どもたちといっしょに同じ時間に、同じ文やポエムなどを音読しているのにもかかわらず、暗唱できるようになるのは、子どもたちばかり。わたしには、どうしても暗唱するところまではいたっておりません。それでも、子どもたちとわたしの声がひとつになった瞬間を感じることがあると、何ともいえぬ心地よさを感じるのです。

今、どのくらいの学校で

子どもたちが音読の声をひびかせているのでしょうか。元気な声を学校中にひびかせている学級も多いと思われます。子どもたちの声がひびいている学級・学校は、それだけでも活力を感じます。

にほんごであそぼ

前著でも申し上げたように、きっかけは、ＮＨＫ教育テレビ（現Ｅテレ）の「にほんごであそぼ」でした。現在も放映されております。この番組では、日本の名文や古文などを取り上げ、小さい子どもたちに、言葉に対する関心を高めるにはどのようにしたらよいか、その方向性を示してくれます。

わたしが毎月発行しているプリントも、「にほんごであそぼ」というタイトルを拝借しております。それをメール配信などで、区の全学校に拡散してくださる方もいます。まずは、プリントを印刷し、子どもたちの目にふれる、ということが重要です。子どもたちは、学級で読むほかにも、家庭学習の一つとして読み、音読カードに聞いてくれた人のサインをもらいます。それを毎日積み重ねていくと、わたしには難しいと感じる古文の暗唱などを、いともかんたんにやってのけるのです。古文の暗唱を成功した子どもたちはみな、誇らしげです。しかも、それほど苦にもしていません。

群読

という言葉もありますが、あえてそれは使いません。一人一人が稽古してきた音読を、学級の全員で声を合わせ、声をひとつにする。そのように一体感を出せるのであれば、それ以上の喜びはありません。

日本語を強調しているわりには、漢詩や論語の章も入れました。みんなで声をそろえることの楽しさを十分に味わってもらいたいという願いを込めて、もう一度提案いたします。時代は令和となっても、ネット全盛の時代となっても、音読を通して、声に出すことで学ぶことのすばらしさを知り、活気ある学校をつくりましょう。

本書の使い方

①月ごとになっている

できる限り、季節や時季にあった読み物を取り上げるようにしています。必要なページをまとめて、一枚にして印刷して配ってください。ファイリングして、毎月の積み重ねがわかるようにするとよいでしょう。

②学級活動で使える

月に一回、その月に合った題材で、自作のポエムを書く活動を取り入れましょう。個人で書くだけでなく、グループで一つのポエムを完成させることもできます。

③自作のポエムを読む

書く活動も取り入れています。清書してろうかや教室の掲示物とすることもできます。しかし、せっかく自分で書いたポエムですから、みんなで声をそろえて音読してみましょう。

④いろいろな読み方で

読み方はいくらでも考えられます。一人からペア、トリオ、そして列、全員など、声の強弱をつけるのも楽しいものです。だんだん大きくなったり、小さくなったりするのもおもしろいです。慣れてきたら、子どもたちに読み方を考えさせるのもよいでしょう。

⑤いつ音読するのか

一日の学校生活の中で一分あれば十分です。いくらでも時間はあるはずです。いつでもよいのですが、こんなふうに時間を決めてもよいでしょう。

- **国語の授業の開始時**
- **朝の会のコーナー**
- **朝、自分の席にすわる前**
- **帰りの会の「さよなら」の前**

⑥ぜひ発表の機会を

上手になったらだれかに聞いてもらいたいものです。授業参観などで保護者の方に聞いてもらえたらよいですね。また、他の学年の友だちに聞いてもらって、できればいっしょに読む、なんていうこともできたらステキです。他にも、

- **入学式で二年生による歓迎の音読**
- **全校集会で学年ごとに音読発表**
- **六年生を送る会での感謝の音読**

など、いろいろと試してみてください。

朝の会で音読

もくじ

音読のいろいろ	読み方
①リーダー読み	リーダーが読んだあとに、全員で声を合わせます。係や日直でも、週ごとに希望者を任命してもよいでしょう。
②ペア読み	二人ひと組で読みます。席がとなりどうしのペアでも、週替わり・月替わりのペアでもよいでしょう。
③トリオ読み	三人ひと組で読みます。席が近い子どうしのトリオでも、年間または学期ごとに固定でもよいでしょう。
④リバー読み	教室の机のたての並びごとに読みます。一列から始めて、二列ごとにしてもよいでしょう。
⑤ウェイブ読み	教室の机のよこの並びごとに読みます。教室の前にいると、波が押し寄せてくるように聞こえます。
⑥クレッシェンド読み	声を重ねていって、だんだん大きくしていく読み方です。一列から始めて、二列、三列と増やしていきます。
⑦デクレッシェンド読み	読む人数を減らしていって、だんだん小さくしていく読み方です。全員から始めて、一列ずつ減らしていきます。
⑧フォルテ読み	リーダーのパン！（手拍子）を合図に、全員で声をそろえます。いきなり全員がそろうと心地よく感じます。
⑨エコー読み	エコーとは、こだまのことです。こだまが返るように、教室のまん中で半分に区切って向かい合って読みましょう。
⑩リレー読み	読む人が変わっていく読み方です。初めは席順で、慣れてきたら出席番号や背の順で読みましょう。
⑪ピアノ読み	ひとりで自分なりの速さで、表現を工夫する読み方です。ピアノのおけいこをするように読みましょう。
⑫リズム読み	リズムをつけて読みます。手拍子を入れたり、同じ文字のところでパン！と入れたりします。
⑬キズナ読み	自分も声を出しながら、友だちの声をよく聞いて読みます。学級の仲間を信じて読んで「絆」を深めましょう。
⑭トライアングル読み	三つに分けて読みます。三人で一人ずつ順に読むことから始めて、列ごとに三つに分けて読むのもよいでしょう。
⑮サークル読み	円の形で順に読みます。人数は、四人でも三人でもできます。音読の声が円を描いて回っていきます。

音読カード

No.(　　　　)

年　　組(　　　　　　　　　　　　　　)

上手な音読のめあて

①大きな声ではきはきと
②いっしょに読む人といきを合わせて
③自分らしい読み方で

毎日がんばりましょう

よくできた　◎
だいたいできた　○
できなかった　△

月日 ／	曜日	読んだところ　題名	読み方番号	いっしょに読んだ人	反省 ◎○△	保護者印	先生印

①リーダー読み　②ペア読み　③トリオ読み　④リバー読み　⑤ウェイブ読み
⑥クレッシェンド読み　⑦デクレッシェンド読み　⑧フォルテ読み　⑨エコー読み　⑩リレー読み
⑪ピアノ読み　⑫リズム読み　⑬キズナ読み　⑭トライアングル読み　⑮サークル読み

《学級活動であそぼ》

4月 さあ一年のスタート！

〜クラスのめあてをポエムにして声に出そう！

●一年の初めにクラスのキャッチフレーズを決め、一年間みんなで声に出していくことを宣言する。

★新しい一年の始まり。子どもたちの期待をひとつの形にしていきましょう。始業式の翌日または、その週のうちに行うことをおすすめします。これまでにしたことがない活動。今年度は少し違うぞ、と思えるようにしていきたいものです。

【目安の学習時間】40分

【準備するもの】●ワークシート　●短冊（四切画用紙をたてに4等分したサイズ）　●キャッチフレーズを書いた紙　●正方形の画用紙（頭文字を書く）

①どんなクラスにしたいか考え発表する。

T　これから一年間、先生をふくめて○人でいっしょに過ごしていきます。どんなクラスにしたいですか。「○○○○なクラス」の○○○○の部分を考えてみましょう。

T　どんなクラスにしたいか発表し交流する。

C　楽しいクラス　C　いじめのないクラス　C　元気なクラス

C　がんばるクラス　C　なかよしクラス　C　全力クラス

②クラスのキャッチフレーズを作る。

T　キャッチフレーズとは、人の心をとらえるように工夫された印象の強く短い言葉。一年間のこのクラスのテーマとしていつも目にふれている言葉にしたいです。

T　キャッチフレーズを考え、発表してください。

C　なかよしいちくみ　C　げんき全開　C　ファイト三くみ

C　みんなだいすき　C　人にやさしく　C　れいわやさしさ組

③キャッチフレーズの頭の文字を使って文を書く。

①「な・か・よ・し・一・く・み」で始まる文を考えてみましょう。できるようにしたいことや、みんなでまもっていくような言葉を考えましょう。

★話し合いの結果をひとつにしぼるか、いくつかの候補をあげて、頭文字から始まる言葉を考えましょう。

④できた作品をみんなで声をそろえて読む。

4月 さあ一年のスタート！

～クラスのめあてをポエムにして声に出そう！

年　組　名前

①どんなクラスにしたいか書いてみよう。

②クラスのキャッチフレーズを考えよう。

③キャッチフレーズの頭の文字を使って文を書こう。

メモ

作品例

な んでもみんなで
か んしゃをわすれず
よ くあそびよくまなび
し んけんにとりくむ
ー しょうけんめい
く いのない一年に
み んなでしよう

読み方例　⑧フォルテ読み

全員 おはようございます
全員 パン！（手拍子）
子ども1 な
全員 なんでもみんなで
子ども2 か
全員 かんしゃをわすれず
子ども3 よ
全員 よくあそびよくまなび
子ども4 し
全員 しんけんにとりくむ
子ども5 いち
全員 いっしょうけんめい
子ども6 く
全員 くいのない一年に
子ども7 み
全員 みんなでしよう
全員 パン！（手拍子）
全員 なかよし一くみ

★朝のあいさつが終わったら、すぐに読んでみましょう。

《言葉であそぼ》

はいくであそぼ① 新学期・進級

おだい 「進級《しんきゅう》」

「ドッジボール たくさんあてて しんきゅうす」
「友だちを いっぱいだすけ しんきゅうす」
「あたらしい 自分を見つけ しんきゅうす」をおてほんにして、このいちねんにどんなことがあったかおもいだしてかいてみましょう。

5	7	しんきゅうす

小学校　ねん　くみ　なまえ

もくひょうは	7	しんがっき

まるまるはいく 「目標は 人にやさしく 新学期」

もくひょうは ○○○○○○○ しんがっき

○のところをかいてみましょう。

ワンポイントアドバイス！ ・しんきゅうおめでとうございます。まずどんなことをしてみたいですか。あたらしいもくひょうをかんがえて、はいくにしてみましょう

はいくであそぼ② しゃぼん玉・ふうせん

おだい 「ふうせん」

「ふうせんは きみのきぼうを 空高く」「ふうせんと わたしのゆめを どこまでも」「ふうせんで 行けたらいいな 宇宙旅行」をおてほんにして、ふうせんがそらにとんでゆくようすをおもいうかべてかいてみましょう。

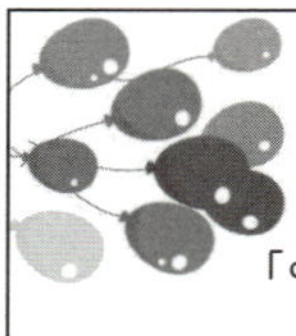

ふうせん ○	7	5

小学校　ねん　くみ　なまえ

とんでゆけ	7	しゃぼん玉

まるまるはいく 「飛んでゆけ ぼくたちのゆめ しゃぼん玉」

とんでゆけ ○○○○○○○ しゃぼんだま

○のところをかいてみましょう。

ワンポイントアドバイス！ ・しゃぼんだまをとばすときに、どのようなものをいっしょにとばしたいですか。あおいそらにとんでゆくしゃぼんだまをそうぞうしながらかきましょう。

《季題シート》

4月 言葉

四月の季題

進級《しんきゅう》

新学期《しんがっき》　お花見《はなみ》　花《はな》

春《はる》の雨《あめ》　なの花《はな》　一年生《いちねんせい》

桜《さくら》　入学式《にゅうがくしき》　ねこの子《こ》

たねまき　ふうせん　ちょう

ブランコ　さえずり　しゃぼん玉《だま》

つばめ　チューリップ

★1つのはいくに1つのきごをいれましょう！

さあ、新学期《しんがっき》です。今年《ことし》は、どの勉強《べんきょう》をがんばろうと思《おも》っていますか。いっぱい本《ほん》を読《よ》む。俳句《はいく》をいっぱい書《か》く。やっぱりたくさん練習《れんしゅう》するのがいちばんの方法《ほうほう》です。えんぴつを持《も》って、春《はる》の風景《ふうけい》を見《み》て思《おも》いうかぶことを俳句《はいく》にしてみましょう。

作品例

さえずりが聞こえて起きるゆめの朝　3年

ゆめを追え**つばめ**のように飛んでゆけ　5年

ブランコにのって自分が風になる　3年

入学式人生一どのたからもの　3年

班長は**一年生**を安全に　5年

たのしみとえんぴつそろえ**新学期**　3年

たねまきで自分の心さいてゆく　4年

しゃぼん玉みんなの笑顔えがいてる　5年

チューリップみんなの勇気さかせたよ　4年

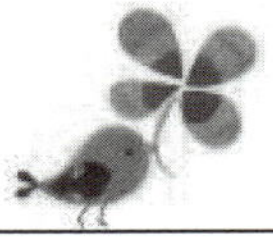

はいくきょうしつ　おだい「さくらさく」

桜さくみんなのえがおさきほこれ・5年

桜咲くやる気にみちた六年生・6年のくをおてほんにして、

さくらがさくころに、**どのようにしたいか、どんなよいことがあるか**おもいうかべてかいてみましょう。←

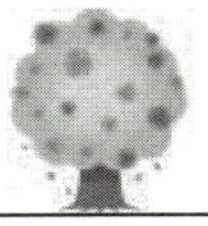

さくらさく（7）（5）

（5）（7）（5）

（5）（7）（5）

小学校

年　　組

ふりがな

名前

日本学校俳句研究会　http://gakkohaiku.sitemix.jp/

《俳句とあそぼ》

四月の句

さくらさく　ひとつおとなに　なったよう

さくらさくひとつ大人になったよう・3年

ニッコリと　おおきなえがお　チューリップ

ニッコリと大きなえ顔チューリップ・3年

あおいそら　ほうせきみつける　はるのあさ

青い空ほうせき見つける春の朝・3年

ゆめのせて　ふわりふわりと　しゃぼんだま

夢のせてふわりふわりとしゃぼん玉・6年

ブランコを　こいでおそらを　ひとりじめ

ブランコをこいでお空をひとりじめ・4年

読み方 ①リーダー読み（先生リーダー）

クラス全員で声をそろえて俳句を音読する。そのために、まずおすすめしたいのがリーダー読みです。四月の最初の国語の授業から始めましょう。上の五句をプリントして子どもたちに配付したり、模造紙などに書き写して掲示したりします。

まずは、先生が一句ずつ音読します。そのあと、全員で手拍子を一つ入れましょう。タイミングを合わせるのに、これが有効なのです。

そして、そのあと、クラス全員でくり返して音読します。そのあとにもひとつ手拍子を入れます。

先生　さくらさくひとつおとなになったよう
全員　パン！（手拍子）
子どもたち　さくらさくひとつおとなになったよう
全員　パン！（手拍子）

読むときの速さは、学年や子どもたちの実態に合わせましょう。遅すぎず速すぎず、全員の声がそろえられるくらいの速さを見つけられるとよいでしょう。一週間もすると、子どもたちは、暗唱できるくらいになります。慣れてきたら、次の五句をプリントするのもよいでしょう。

ねこのこが　さいしょのいっぽ　あゆみだす

ねこの子が最初の一歩歩み出す5年

ぽつぽつと　こころにささる　**はるのあめ**

ぽつぽつと心にささる春の雨5年

せなかより　おおきなにもつ　**いちねんせい**

せなかより大きなにもつ一年生3年

さくらさく　せすじのばして　ごねんせい

桜咲く背すじのばして五年生5年

しゃぼんだま　そらまでたかく　ぼくのゆめ

しゃぼん玉空まで高くぼくのゆめ4年

四月の句

小林一茶

がらがらや　ぴいぴいうりや　うめのはな

がらがらやぴいぴい売りや梅の花

はるさめに　おおあくびする　びじんかな

春雨に大欠伸する美人かな

おらがよや　そこらのくさも　もちになる

おらが世やそこらの草も餅になる

すずめのこ　そこのけそこのけ　おうまがとおる

雀の子そこのけそこのけ御馬が通る

なのはなの　とっぱづれなり　ふじのやま

菜の花のとっぱづれなり富士の山

《松陰先生の言葉》

四月 松陰先生《しょういんせんせい》のことば・一

きょうよりぞ
おさなごころをうちすてて
ひととなりにし
みちをふめかし

今日よりぞ幼心を打ち捨てて
人と成りにし道を踏めかし

松陰先生はいいました。
いままであまえていたひとも、
きょうからはじぶんのことはじぶんでやって、
ともだちとなかよくしよう。
しんがっきを、あらたなきもちでスタートさせよう。

読み方 ①リーダー読み（先生リーダー）

松陰先生のありがたいお言葉を読むのに、いちばんふさわしいのは？ などと考えてしまいますが、ここでもやはりクラス全員で声を合わせることにこだわってみたいと思います。ここは先生が、松蔭先生になりきって、リーダーをつとめて、一年のスタートにふさわしく道を示しましょう。

先生　しょういんせんせいのことば　いち
全員　しょういんせんせいのことば　いち
先生　きょうよりぞ
全員　きょうよりぞ
先生　おさなごころをうちすてて
全員　おさなごころをうちすてて
先生　ひととなりにし
全員　ひととなりにし
先生　みちをふめかし
全員　みちをふめかし
全員　パン！（手拍子）

しょういんせんせいのことば・一の「一」は、「いち」でも「ワン」でも、読まなくてもよいでしょう。クラス独自の読み方が生まれることを期待します。

四月 論語《ろんご》・孔子《こうし》

子《し》曰《いわ》く

①ふるきをあたためて、あたらしきをしる
②まなびてときにこれをならう、
またよろこばしからずや
③いちをききてもってじゅうをしる
④これをしるものは
これをこのむものにしかず。
これをこのむものは
これをたのしむものにしかず

①故きを温めて新しきを知る
ふるいことをよくべんきょうして、そこからあたらしいことをまなんでいくことだ

②学びて時にこれを習う、亦た説ばしからずや
まなんだことをふくしゅうすることはりかいがふかまるので、とてもうれしいことだ

③一を聞きて以て十を知る
ひとつのことをきいて、あれもそうだな、これもそうだなとたくさんおもいつけることだ

④これを知る者はこれを好む者に如かず。これを好む者はこれを楽しむ者に如かず
しっているということはこのむことにかなわない。このむことはたのしむことにおよばない

読み方 ①リーダー読み（先生リーダー）

「論語」をクラス全体で声をそろえるなんて、そんな大それたことを、なんて言わないでください。やってみればわかります。それに、子どもたちも、「これ知ってる。」というものがあるはずです。まずは、先生が孔子先生になったつもりで、リーダーをつとめましょう。

〈読み方例〉

先生 ろんご しがつ こうし
子ども ろんご しがつ こうし
先生 し いわく
子ども し いわく
先生 ふるきをあたためて
子ども ふるきをあたためて
先生 あたらしきをしる
子ども あたらしきをしる
先生 まなびてときにこれをならう
子ども まなびてときにこれをならう
先生 またよろこばしからずや
子ども またよろこばしからずや
先生 いちをききて
子ども いちをききて
先生 もってじゅうをしる
子ども もってじゅうをしる
先生 これをしるものは
子ども これをしるものは

というように、最初は、短いまとまりで読んでみましょう。少し慣れてきたら、長くしてみるとよいでしょう。案ずるより産むが易しです。まずは始めてみることです。

《漢詩とあそぼ》

四月 春暁《しゅんぎょう》・孟浩然《もうこうねん》

しゅんみん
あかつきをおぼえず
春眠暁を覚えず

しょしょに
ていちょうをきく
処処に啼鳥を聞く

やらい
ふううのこえ
夜来風雨の声

はなおつること
しるたしょう
花落つること知る多少

漢詩《かんし》をよんでみましょう。古いちゅうごくのポエムです。ここちよいはるのねむり。よるがあけたのもきづかず、とりのなきごえがきこえてくる。あめとかぜの音がしていたが、花がどれくらいちってしまったのだろうか。

読み方②ペア読み

「漢詩」を読むのは初めて、という子も多いでしょう。ことばは短いですが、聞き慣れないことばが多く、慣れるまでは読むのも大変です。最初は、席がとなりの子どうしのペアで読むことから始めてみましょう。

〈読み方例〉

A　しゅんぎょう
B　もうこうねん
A　しゅんみん
B　あかつきをおぼえず
A　しょしょに
B　ていちょうをきく
A　やらい
B　ふううのこえ
A　はなおつること
B　しるたしょう
二人　パン！（手拍子）

最初は、短いまとまりで読んでみましょう。少し慣れてきたら、長くしてみてもよいでしょう。一週間たったら、前後のペアにしてもよいかもしれません。文の意味よりも、声に出すことを第一に考えていきましょう。

四月 枕草子《まくらのそうし》・清少納言《せいしょうなごん》

みなひとの
はなやちょうやと
いそぐひも
わがこころをば
きみぞしりける
このかみのはしを
ひきやぶらせたまいて
かかせたまえる、
いとめでたし。

みな人の花や蝶やといそぐ日も
わが心をば君ぞ知りける
この紙の端を引き破らせたまひて
書かせたまへる、いとめでたし。

千年と少しまえ、清少納言（せいしょうなごん）というじょせいが、見たこと、かんがえたことをつづった『枕草子（まくらのそうし）』をやさしくしょうかいします。

ほかの人がみな花やちょうちょにうかれている日にも、わたしのこころをあなたはわかってくれているのね。少納言さんがわたしたかみをやぶってかいたうたです。

読み方⑪ピアノ読み

「枕草子」というと、「春はあけぼの」ではじまる文が有名ですが、他の段にもすてきな文がいっぱいです。最初は、すらすら読めなくてもよいので、くり返し声に出して読んでみましょう。この本の特長で、クラスの友だちといっしょに声をそろえることをおすすめしていますが、この「枕草子」は、まず一人で一行ずつゆっくりと読んでみましょう。

一行ずつ自分でたしかめるように。そう。ピアノのけいこをしているみたいに。ですから、この読み方を「ピアノ読み」としました。

〈読み方例〉

まくらのそうし　しがつ
せい　しょうなごん
みなひとの
はなやちょうやと
いそぐひも
わがこころをば
きみぞしりける
このかみのはしを
ひきやぶらせたまいて
かかせたまえる、
いとめでたし。

できたら、席がとなりの子どうし向き合って、順番に読んでみましょう。先生も聞いてあげてください。特に、早口にならないことに気をつけて読めるとよいですね。

《学級活動であそぼ》

5月 先生だいすき！

～先生をポエムにして声に出そう！

●先生の話し方、先生の表情、先生の口ぐせ。少しずつ慣れてきた5月、いろいろなことに気づいてきます。先生のすきなところをたくさん書いてみましょう。

★先生と子どもたちとの信頼関係もできてきた5月。先生の口ぐせなどにも気づいてくるころ、ぜひ先生の名前を頭の文字にしてみんなでポエムを書いてみましょう。すきなところは、子どもによってちがうはず。ただし、くれぐれも先生に失礼のないように。

【目安の学習時間】40分

【準備するもの】●ワークシート　●短冊（四切画用紙をたてに4等分したサイズ）

●正方形に切った画用紙（頭文字を書く）

①担任の先生を一言で言うとどんな先生か発表する。

T　出会って一ヶ月、先生のことがだいぶわかってきましたね。ずばり一言で言うと、どんな先生ですか。

「○○○○先生」の○○○○の部分を考えてみましょう。

T　みんなが思っている先生を発表し交流する。

C　やさしい先生　C　きびしい先生　C　声の大きい先生

C　がんばる先生　C　サッカー大好きな先生　C　走るのが速い先生

②頭の文字を決める。

T　担任の先生の名字か名前を入れて、短い言葉になるようにする。

C　やさしいじゅんこせんせい　C　きびしいまさおせんせい

C　がんばるかなせんせい　C　サッカーだいすきカズせんせい

★いくつかの候補があがると思われるが、ここは一つにしぼって、なるべく短くまとめましょう。

★担任の先生のフルネームを使ってもよいでしょう。

③○○○「なまえ」せんせいの頭の文字を使って文を書く。

T　「がん・ば・る・か・な・せん・せ・い」（例）で始まる文を考えてみましょう。

先生への思いや、みんなからのねがいなどの言葉を考えましょう。

④できた作品をみんなで声をそろえて読む。

5月

先生だいすき！

～先生をポエムにして声に出そう！

年　組　名前

①どんな先生だと思っているか書いてみよう。

②先生の名前を使った頭文字を使って文を書こう。

メモ

作品例

がんばる子には
ばいにやさしく
るいせんゆるくて
かるいジョークが
なかなかいける
せんせいめざすは
せかいでいちばん
いかしたクラス

読み方例　⑧フォルテ読み

全員　おはようございます
全員　パン！（手拍子）
子ども1　がん
全員　がんばるこには
子ども2　ば
全員　ばいにやさしく
子ども3　る
全員　るいせんゆるくて
子ども4　か
全員　かるいジョークが
子ども5　な
全員　なかなかいける
子ども6　せん
全員　せんせいめざすは
子ども7　せ
全員　せかいでいちばん
子ども8　い
全員　いかしたクラス
全員　がんばるかなせんせい
全員　パン！（手拍子）

★朝のあいさつが終わったら、すぐに読んでみましょう。

《言葉であそぼ》

あいうえおうた

あのこと　あそんで　あいうえお
かあさん　かいもの　かきくけこ
さくらが　さいたよ　さしすせそ
たんぼに　たにしが　たちつてと
なのはな　ならんで　なにぬねの
いちばん　いかすの　いうえおあ
うちのこ　うれっこ　うえおあい
えびのこ　えになる　えおあいう
おさかな　おっかけ　おあいうえ

「あ」ではじまることばを三つならべてみましょう。つぎは、「か」です。「さ」「た」というふうに、つなげていきます。「あ」ぎょうのつぎは、「い」、そして「う」というふうにしてもよいです。

ワークシート例

あいうえおうた

あ	か	さ	た	な	は	ま	や	ら	わ
あ	か	さ	た	な	は	ま	や	ら	わ
あいうえお	かきくけこ	さしすせそ	たちつてと	なにぬねの	はひふへほ	まみむめも	やいゆえよ	らりるれろ	わいうえお

あいうえおうた

読み方 ④リバー読み ⑫リズム読み

手拍子を入れて、リズムをつけて読んでみましょう。同じ文字のところに、「パン！」を入れてみましょう。

読むのは列ごとに、手拍子は、全員で。

〈読み方例〉

リーダー　あいうえおうた
全員　パン　パン　パン
列1　**い**ちばん　**い**かすの　**い**うえおあ
全員　パン　パン　パン
列2　**う**ちのこ　**う**れっこ　**う**えおあい
全員　パン　パン　パン
列3　**え**びのこ　**え**になる　**え**おあいう
全員　パン　パン　パン
列4　**お**さかな　**お**っかけ　**お**あいうえ

《季題シート》

五月の季題

こどもの日　こいのぼり　バラ
しょうぶ湯《ゆ》　かしわもち　藤の花《ふじのはな》
夏来る《なつきたる》　風薫る《かぜかおる》　葉桜《はざくら》
立夏《りっか》　田植え《たうえ》　新緑《しんりょく》
母の日《ははのひ》　つばめの子　新茶《しんちゃ》
カーネーション　運動会《うんどうかい》

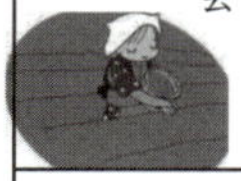

★１つのはいくに１つのきごをいれましょう！

風薫る《かぜかお》五月《ごがつ》といいますが、何《なに》をするにもよい季節《きせつ》です。運動《うんどう》するもよし。読書《どくしょ》するもよし。俳句《はいく》を詠《よ》むもよし。運動会《うんどうかい》がある学校《がっこう》もありますね。がんばったときのことを思《おも》い浮《う》かべて五七五につづってみましょう。

はいくきょうしつ・おだい「かぜかおる」

かぜが草木のみどりのかおりがすることをいう。

陸上で　ライバルに勝ち　風かおる（５年）

新しい　ワンピースきて　かぜかおる（２年）の句を

おてほんに**「かぜかおる」**の句を作ってみましょう。さいきんしたことで、 ←

きもちがすっきりしたことやうれしかったことをかいてみましょう。 ←

作品例

こどもの日みんなの成長せいくらべ　５年

こいのぼりやさしい風でとんでいる　３年

勝負の日みんなで入ろう**しょうぶ湯**に　６年

母の日にいつもの倍のありがとう　５年

カーネーション感謝の気持ち一本に　６年

ふじの花むらさき色の思いやり　３年

つばめの子ごはんごはんと大さわぎ　４年

田植えして命のつながり感じたよ　５年

美しくさいた後には**葉桜**に　４年

5	5	5
7	7	7
5	5	かぜかおる

小学校

年　　組

ふりがな

名前

日本学校俳句研究会　http://gakkohaiku.sitemix.jp/

五月の句

かぜかおる そらのあおさに しんこきゅう

かぜかおる空の青さにしんこきゅう・2年

ゆめのせて おおぞらおよぐ **こいのぼり**

ゆめのせて大空泳ぐこいのぼり・5年

こどものひ かぞくにかんしゃ つたえるひ

こどもの日家族に感謝伝える日・6年

カーネーション かぞくのえがお さいている

カーネーション家族の笑顔咲いている・5年

むらさきの あまつぶひかる **ふじのはな**

むらさきの雨つぶ光る藤の花・6年

読み方 ①リーダー読み（子どもリーダー）

一ヶ月も音読していると、子どもたちは俳句の五七五のリズムに心地よさを感じてきます。慣れてきたところで、子どもたちの中からリーダーを決めましょう。学習係や国語係などでもよいのですが、挙手による立候補がおすすめです。一人一句ずつを子どもたちにまかせて、先生は子どもたちの側に入るのをおすすめします。

子どもA　かぜかおるそらのあおさにしんこきゅう
全員　パン！（手拍子）
子どもたち　かぜかおるそらのあおさにしんこきゅう
全員　パン！（手拍子）

子どもB　ゆめのせておおぞらおよぐこいのぼり
全員　パン！（手拍子）
子どもたち　ゆめのせておおぞらおよぐこいのぼり
全員　パン！（手拍子）

先生もいっしょに読んでいるのが、子どもたちを安心させ、またやる気にもさせるのです。

風薫る声援の中走り抜け6年

かぜかおる せいえんのなか はしりぬけ

葉桜のトンネルくぐるランドセル6年

はざくらの トンネルくぐる ランドセル

つばめの子夢を見つけて飛んでゆけ5年

つばめのこ ゆめをみつけて とんでゆけ

新緑のかおりただよう新幹線5年

しんりょくの かおりただよう しんかんせん

新茶のむそぼのえがおにあたたまり5年

しんちゃのむ そぼのえがおに あたたまり

五月の句 松尾芭蕉

行春や鳥啼魚の目は泪

ゆくはるや とりなきうおの めはなみだ

暫時は瀧に籠るや夏の初

しばらくは たきにこもるや げのはじめ

田一枚植ゑて立去る柳かな

たいちまい うえてたちさる やなぎかな

風流の初やおくの田植うた

ふうりゅうの はじめやおくの たうえうた

世の人の見付ぬ花や軒の栗

よのひとの みつけぬはなや のきのくり

五月 松陰先生《しょういんせんせい》のことば・二

まんがんのしょをよむに
あらざるよりは
いずくんぞ
せんしゅうのひとたるをえん

万巻の書を読むに あらざるよりは
いずくんぞ 千秋の人たるをえん

松陰先生はいいました。
おおくのほんをよみ、べんきょうしなければ、なをのこすようなりっぱな人にはなれない。しっかりとべんきょうしなさい。
このくは、松下村塾（しょうかそんじゅく）のはしらにかけられていたそうです。

《松陰先生の言葉》

読み方 ①リーダー読み（子どもリーダー）

一ヶ月、先生がリーダーをつとめたあとには、子どもたちの中からリーダーを決めましょう。慣れてきたら少し長い区切りで読みましょう。

〈読み方例①〉

リーダー しょういんせんせいのことば ツー
全員 しょういんせんせいのことば ツー
リーダー まんがんのしょをよむに
全員 まんがんのしょをよむに
リーダー あらざるよりは
全員 あらざるよりは
リーダー いずくんぞ
全員 いずくんぞ
リーダー せんしゅうのひとたるをえん
全員 せんしゅうのひとたるをえん
全員 パン！（手拍子）

〈読み方例②〉

リーダー しょういんせんせいのことば ツー
全員 しょういんせんせいのことば ツー
リーダー まんがんのしょをよむに あらざるよりは
全員 まんがんのしょをよむに あらざるよりは
リーダー いずくんぞ せんしゅうのひとたるをえん
全員 いずくんぞ せんしゅうのひとたるをえん
全員 パン！（手拍子）

五月 論語《ろんご》・孔子《こうし》

子《し》 曰《いわ》く

①しょうりをみれば
すなわち だいじならず

②ひとにして とおきおもんぱかりなければ、
かならずちかきうれいあり

③いかん、いかんといわざるものは、
われいかんともすることなきのみ

①**小利を見れば則ち大事成らず**
めさきの小さなりえきにとらわれていると、大きなことはできない

②**人にして遠き慮り無ければ、必ず近き憂い有り**
さきのことをみとおさないですごしていると、みぢかにしんぱいごとがおきてしまう

③**如之何如之何と曰わざる者は、吾れ如之何ともすること末きのみ**
どうしようか、どうしようかといってこまらない人はどうしようもない。どうしようってこまることはだいじなんだ

読み方 ①リーダー読み（子どもリーダー）

四月に毎日読んできたクラスでは、もう四つ覚えている子もいることでしょう。孔子先生のありがたいお言葉を毎月いくつか覚えていくのです。五月は、少し子どもにリーダーをゆずってみましょう。きっと、孔子先生になりたいと思う子がいるはずですよ。

〈読み方例〉

リーダー ろんご ごがつ こうし
子ども ろんご ごがつ こうし
リーダー し いわく
子ども し いわく
リーダー しょうりをみれば
子ども しょうりをみれば
リーダー すなわちだいじならず
子ども すなわちだいじならず
リーダー ひとにして とおきおもんぱかりなければ、
子ども ひとにして とおきおもんぱかりなければ、
リーダー かならずちかきうれいあり
子ども かならずちかきうれいあり
リーダー いかん いかんといわざるものは
子ども いかん いかんといわざるものは
リーダー われいかんともすることなきのみ
子ども われいかんともすることなきのみ

やはり、最初は、短いまとまりで読むのがよいでしょう。リーダーを週替わりにしてもよいでしょう。クラスの実態により、一学期中は先生がやるなど、まずは慣れることが大切です。

文章の意味は、それほど重視しないことをおすすめします。意味よりも声に出すこと。孔子先生も、子どもたちの声を空の上から聞いて喜んでおられることでしょう。

五月 絶句《ぜっく》・杜甫《とほ》

こうみどりにして
とりいよいよしろく
江碧鳥逾白

やまあおくして
はなもえんとほっす
山青花欲然

こんしゅん
みすみすまたすぐ
今春看又過

いずれのひか
これきねんならん
何日是帰年

川はふかいみどりの水をたたえ、みずとりはいっそう白く、山はあおあおとして、花はもえるように赤い。ことしのはるも、みるみるうちにまたすぎてゆく。いつになったら、こきょうにかえる日がくるのだろうか。

読み方③トリオ読み

五月はトリオ読み。三人ひと組で読んでみましょう。席が近くの人、出席番号、背の順など、いろいろな組み合わせが考えられますが、無理のないよう、移動時間が短くてすむような組みやすい三人で読んでみましょう。

〈読み方例〉

A　ぜっく
B　とほ
C　こうみどりにして
A　とりいよいよしろく
B　やまあおくして
C　はなもえんとほっす
A　こんしゅん
B　みすみすまたすぐ
C　いずれのひか
A　これきねんならん
三人　パン！（手拍子）

やはり、最初は、短いまとまりで読むのがよいでしょう。日替わりで役割をローテーションすれば、三日で三人が全文読むことになります。一人ずつ順に読み進めていきますが、流れるように進んでいくようになってきます。一人で読むよりも、子どもたちにとっては、難しい文を読むことに対する抵抗が小さくなるものです。

《枕草子とあそぼ》

五月

枕草子《まくらのそうし》・清少納言《せいしょうなごん》

さつきばかりなどに
やまざとにありく、
いとおかし。
うえはつれなくて、
くさおいしげりたるを、
ながながと、たたざまにいけば、
したはえならざりけるみずの、
ふかくはあらねど、
ひとなどのあゆむに、
はしりあがりたる、
いとおかし。

五月ばかりなどに山里にありく、いとをかし。上はつれなくて、草生ひしげりたるを、ながながと、たたざまに行けば、下はえならざりける水の、深くはあらねど、人などの歩むに、走りあがりたる、いとをかし。

5月のころに山ざとにでかけるのはとてもおもしろい。さりげなくくさがおいしげっているようにみえるところを、まっすぐにすすむと、下にはおもいがけずたくさんの水があって、ふかくはないけれど、人があるくとはね上がって、すごくおもしろい。

読み方 ②ペア読み→⑬キズナ読み（ペア）

一人で十分にけいこしたあとは、二人ひと組で声をそろえてみましょう。最初は交互に一人ずつ読んで、慣れてきたら二人で声をそろえてみましょう。

〈読み方例①〉

A　まくらのそうし　ごがつ
B　せいしょうなごん
A　さつきばかりなどに
B　やまざとにありく
A　いとおかし。
B　うえはつれなくて
A　くさおいしげりたるを
B　ながながと、たたざまにいけば
A　したはえならざりけるみずの
B　ふかくはあらねど
A　ひとなどのあゆむに
B　はしりあがりたる
A　いとおかし
AB　パン！（手拍子）

〈読み方例②〉

A　まくらのそうし　ごがつ
AB　せいしょうなごん
AB　さつきばかりなどに
AB　やまざとにありく

《学級活動であそぼ》

6月 みんな友だち！

～友だちを川柳にして声に出そう！

●友だちともだいぶ打ち解けてくるころ、友だちの自分にはないよいところに気づいてきたことでしょう。友だちのよいところをたくさん見つけてみましょう。

★友だちとのよいところを認めることこそが一年間の学校生活を左右すると言っても言い過ぎではありません。また、せっかく見つけたよいところを言葉で残しておくことは、ステキな宝物になります。友だちに名前を頭文字にした川柳を書いてみましょう。できた作品は、きれいな紙に清書して友だちにプレゼントしましょう。

【目安の学習時間】40分
【準備するもの】●ワークシート　●キーワードを書いた紙（板書でもよい）
●きれいなわくのある紙（作品をプレゼントするため）

①新しいクラスになって、友だちになった人を思い浮べる。

T　このクラスになって、友だちになった人、仲よくなった人を思い浮べてみましょう。

★自由に何人も思い浮べてよいと思います。他のクラスの子は、とりあえずはなしでクラスの友だち対象ということにしてみましょう。

★クラスの全員の子の作品がほしいので、席がとなりの子とか、出席番号が次の子などの作品も書くということにしましょう。

②川柳になりそうな言葉を書く。

T　友だちのよいところ、すごいところ、すきなところをたくさん書いてみましょう。

★川柳にするために、なるべく多くメモできるとよいでしょう。

③友だちの名前を入れて川柳を書く。

T　友だちの名前を入れて、575を書いてみましょう。

★名前でも名字でもよいでしょう。名字の場合は、「さん」「くん」が入った方がよいでしょう。字余り、字足らずは大目に見ましょう。

作品例

まいにちを　えがおですごす　**まさのり**くん
りさちゃんと　いるとまいにち　わらいあり
将来は　サッカー選手　**ひろとくん**
学級の　算数博士　**まさおくん**
ひとがすき　**さ**っかーがすき　**お**とこらしい

④できた作品をみんなで声をそろえて読む。

6月 みんな友だち！

～友だちを川柳にして声に出そう！

年　　組　　名前

①このクラスになって、友だちになった人や仲よくなった人を思い浮べてみましょう。

②右に書いた友だちのよいところ、すごいところ、すきなところをたくさん書いてみましょう。

さんへ

5 / 7 / 5

さんへ

5 / 7 / 5

さんへ

5 / 7 / 5

読み方例　①リーダー読み

リーダー　まいにちをえがおですごすまさのりくん
全員　まいにちをえがおですごすまさのりくん
リーダー　りさちゃんといるとまいにちわらいあり
全員　りさちゃんといるとまいにちわらいあり
リーダー　将来はサッカー選手ひろとくん
全員　将来はサッカー選手ひろとくん
リーダー　学級の算数博士まさおくん
全員　学級の算数博士まさおくん

★できれば、川柳を書いた人がリーダーをつとめられるとよいでしょう。

《言葉であそぼ》

はいくであそぼ③ブランコ・一年生

おだい「一年生《いちねんせい》」

「一年生 みんなのえがお しょってゆく」「一年生 ゆめいっぱいの ランドセル」

「一年生 みんなのえがお しょってゆく」をおてほんにして、一年生のようすを見ておもったことや、一年生へのメッセージをかいてみましょう。

一年生	7	5

小学校	ねん くみ	なまえ

ゆらゆらと ブランコのって	5

まるまるはいく「ゆらゆらと ブランコのって ゆめかたる」

ゆらゆらと ブランコのって ○○○○○

○のところをかいてみましょう。

ワンポイントアドバイス！・ブランコにのっていると、なんだかきぶんがよくなってきますよね。なにをしたくなりますか。なにになれそうですか。ブランコにのったきぶんでかきましょう。

はいくであそぼ④おたまじゃくし・田植え

おだい「田植え《たうえ》」

「たうえして いのちのつながり かんじる日」

「たうえして おこめをつくる つらさしる」をおてほんにして、たうえをけいけんした人は、そのときにかんじたことをかきましょう。

たうえして	7	5

小学校	ねん くみ	なまえ

いけのなか おたまじゃくし ○	5

まるまるはいく「池の中 おたまじゃくしと おにごっこ」

いけのなか おたまじゃくし○ ○○○○○

○のところをかいてみましょう。

ワンポイントアドバイス！・おたまじゃくしはかえるのこどもでいっぱいありますが、いけのなかをのぞいたことありますか。おたまじゃくしはなにをしているのでしょうか。

《季題シート》

六月の季題

梅雨入り《つゆいり》　梅雨晴間《つゆはれま》　五月雨《さみだれ》
夏来る《なつきたる》
かさ　プール　かえる
あじさい　トマト　めだか
とかげ　なす　かたつむり
さくらんぼ　父の日《ちちのひ》　へび

★1つのはいくに1つのきごをいれましょう！

もうプールは始《はじ》まりましたか。みんなが楽《たの》しみにしている「プール」を詠《よ》んだ句《く》が、毎年《まいとし》たくさん届《とど》きます。六月《ろくがつ》は、梅雨入《つゆい》り。教室《きょうしつ》の中《なか》から窓《まど》の外《そと》の雨《あめ》を見《み》て、感《かん》じたことを俳句《はいく》にしてみましょう。

作品例

さくらんぼ二人で食べて仲直り　5年

キラキラとかがやく**トマト**ひとかじり　5年

梅雨入りで家でのんびり本を読む　4年

かたつむり少しの努力実を結ぶ　5年

かさ買ったはやく出ばんがこないかな　2年

雨続く今日も**プール**はおあずけだ　4年

父の日にたくましいおれ見せつける　5年

めだかの目どこか遠くを見ているよ　5年

はいくきょうしつ・おだい「つゆはれま」

つゆのじきのはれまのこと

おにごっこ　ぜんりょくしっそう　つゆはれま（1年）

さかあがり　パパに見せたい　つゆはれま（2年）

みぎの句をおてほんに「**つゆはれま**」の句をつくってみましょう。あめがつづいたあとで、

←ひさしぶりにはれて、してみたくなったことを**12おん**でひだりにいれてみましょう。

5 / 7 / 5

5 / 7 / 5

5 / 7 / つゆはれま

小学校

年　組

ふりがな

名前

《俳句とあそぼ》

六月の句

あさおきて　あくびをしたら　**なつきたる**

朝起きてあくびをしたら夏来る・3年

うでのばし　あおぞらつかむ　**つゆはれま**

うでのばし青空つかむつゆはれま・3年

あじさいの　いろをかぞえる　かえりみち

あじさいのいろをかぞえるかえりみち・1年

しあわせの　えがおいっぱい　**さくらんぼ**

しあわせのえがおいっぱいさくらんぼ・2年

たいようの　むすこみたいな　**トマト**かな

太陽の息子みたいなトマトかな・5年

読み方⑨エコー読み（子どもリーダー）

リーダー読みに慣れてきたら、少しずつ読み方を変えてみるのもおもしろいものです。

エコーとはこだまのこと。こだまが返るようにして、窓側と廊下側が向かい合って交互に読むという読み方です。

子どもA　あさおきてあくびをしたらなつきたる
全員　パン！（手拍子）
窓側　あさおきてあくびをしたらなつきたる
全員　パン！（手拍子）
廊下側　あさおきてあくびをしたらなつきたる
全員　パン！（手拍子）

向かい合って、交互に読むと、ありがちなのは、前の声よりも大きな声を出そうとすること。声の大きさを競うのではないことをよく話しておきましょう。逆にこだまなのですから、前の声よりも小さいくらいがよいですね。もし、六列あるのなら、四列と二列で分けてもよいかもしれません。

てりつける　たいようギラギラ　**なつきたる**
照りつける太陽ギラギラ夏来る６年

みずたまり　ゆれるえがおと　**つゆはれま**
水たまりゆれる笑顔と梅雨晴間６年

あかいみは　しあわせふたつ　**さくらんぼ**
赤い実は幸せ二つさくらんぼ５年

かたつむり　きそってさがす　かえりみち
かたつむりきそってさがす帰り道１年

さみだれに　あでやかにさく　こんぺいとう
五月雨にあでやかにさくこんぺいとう３年

六月の句　与謝蕪村

つじかごに　よき人のせつ　ころもがえ
辻駕によき人のせつころもがへ

ちりてのち　おもかげにたつ　ぼたんかな
ちりて後おもかげにたつぼたん哉

あおうめに　まゆあつめたる　びじんかな
青梅に眉あつめたる美人哉

さみだれや　たいがをまえに　いえにけん
さみだれや大河を前に家二軒

こもりいて　あめうたがうや　かたつむり
こもり居て雨うたがふや蝸牛

六月
松陰先生《しょういんせんせい》のことば・三

およそうまれてひとたらば
よろしくひとのきんじゅうに
ことなるゆえんをしるべし

《松陰先生の言葉》

凡そ生まれて人たらば
宜しく人の禽獣に異なる所以を知るべし

松陰先生はいいました。
にんげんとしてうまれてきたからには、
どうぶつとちがうところがなければならない。
どこがちがうかというと、にんげんは、どうとくをしり、
おこなうことができるからである。
どうとくがおこなわれなければ、にんげんとはいわない。

読み方 ⑨エコー読み（子どもリーダー）

廊下側と窓側同じくらいの人数に分けて向かい合って読んでみましょう。２グループで交互に読むと、前の声を超えようとしてどなってしまう子もいるので、そこは十分に声かけしておきましょう。

〈読み方例①〉

リーダー しょういんせんせいのことば　スリー
全員 しょういんせんせいのことば　スリー
廊下側 およそうまれてひとたらば
窓側 およそうまれてひとたらば
廊下側 よろしくひとのきんじゅうに
窓側 よろしくひとのきんじゅうに
廊下側 ことなるゆえんをしるべし
窓側 ことなるゆえんをしるべし
全員 パン！（手拍子）

〈読み方例②〉

リーダー しょういんせんせいのことば　スリー
廊下側 およそうまれてひとたらば
窓側 よろしくひとのきんじゅうに
廊下側 ことなるゆえんをしるべし
全員 パン！（手拍子）

六月 論語《ろんご》・孔子《こうし》

子《し》 曰《いわ》く

①てんをうらみず、
ひとをとがめず、
かがくしてじょうたつす

②ひっぷもこころざしを
うばうべからざるなり

③あやまちてあらためざる、
これをあやまちという

①天を怨みず、人を尤めず、下学して上達す

てんをうらんだりせず、人をわるくいわず、みぢかなことをまなんで、じぶんにたりないものはなにか、かんがえよう。

②匹夫も志を奪うべからざるなり

たったひとりのひとでも、そのこころざしはだれからもうばわれない。チャレンジするというきもちがいちばんたいせつなんだ。

③過ちて改めざる、是れを過ちと謂う

まちがえたことをなおさないことを、ほんとうのまちがえというんだ。テストをかえしてもらったら、ちゃんとみなおして、おなじもんだいをまたまちがえないようにするんだ。

読み方 ⑨エコー読み（子どもリーダー）

六月はエコー読みで、孔子先生のお言葉を教室に響かせましょう。まずは、教室を二つに分けて、窓側と廊下側で交互にくり返して読んでみましょう。エコーは「こだま」ですが、むずかしいことは考えずに、声をしっかりと出す、ということを第一にしましょう。

〈読み方例①〉

リーダー ろんご　ろくがつ　こうし
全員 ろんご　ろくがつ　こうし
リーダー し　いわく
全員 し　いわく
窓側 てんをうらみず
廊下側 てんをうらみず
窓側 ひとをとがめず
廊下側 ひとをとがめず

〈読み方例②〉

リーダー ろんご　ろくがつ　こうし
窓側 し　いわく
廊下側 てんをうらみず
窓側 ひとをとがめず
廊下側 かがくしてじょうたつす
窓側 ひっぷもこころざしを
廊下側 うばうべからざるなり

最初は、窓側と廊下側で同じ文をくり返し読むエコー読み。慣れてきたら、くり返さずに進んでいくエコー読み。日替わり週替わりで、窓側と廊下側の順番を変えてみるのもよいでしょう。

《漢詩とあそぼ》

六月

農《のう》を憫《あわ》れむ・李紳《りしん》

かをすいて
ひごにあたる
鋤禾日当午

あせはしたたる
かかのつち
汗滴禾下土

たれかしらん
ばんちゅうのそん
誰知盤中飧

りゅうりりゅうしんく
なることを
粒粒皆辛苦

田んぼのくさとりをしていると、日がまうえからてりつけ、あせは田の土にしたたりおちる。だれがしっているのだろう、おわんの中のごはんの、ひとつぶひとつぶが、みんなくろうのけっしょうであることを。

読み方 ⑨エコー読み

六月はエコー読みです。漢詩もみんなで声をそろえていきましょう。リーダーがタイトルを読むのを合図に、窓側と廊下側で交互に読むものです。最初は、一行ずつ短いまとまりで、声がそろってきたら、少し長くしていくのもよいでしょう。

〈読み方例①〉

リーダー　のうをあわれむ　りしん
窓側　かをすいて
廊下側　ひごにあたる
窓側　あせはしたたる
廊下側　かかのつち
窓側　たれかしらん
廊下側　ばんちゅうのそん
窓側　りゅうりりゅうしんく
廊下側　なることを
全員　パン！（手拍子）

〈読み方例②〉

リーダー　のうをあわれむ　りしん
窓側　かをすいて　ひごにあたる
廊下側　あせはしたたる　かかのつち
窓側　たれかしらん　ばんちゅうのそん
廊下側　りゅうりりゅうしんく　なることを
全員　パン！（手拍子）

やはり日替わり、または週替わりで、役割を替えていくのもよいでしょう。

六月

枕草子《まくらのそうし》・清少納言《せいしょうなごん》

ふと　こころおとりとか
するものは、
おとこもおんなも
ことばのもじ
いやしゅうつかいたるこそ
よろずのことより
まさりてわろけれ。

ふと心おとりとかするものは、
男も女もことばの文字
いやしう使ひたるこそ
よろづの事よりまさりてわろけれ。

たったひとことで上品（じょうひん）にも下品（げひん）にもなります。つかうことばのたった一つで、「いいな」「いやだな」とかんじることとありますよね。書いたことばならけすことができるけど、口から出たことばはけせません。正しいことばやわるいことばをいわれるとがっかりするわ、とことばにびんかんな少納言さんです。

読み方 ③トリオ読み→⑬キズナ読み（トリオ）

ペアの次はトリオ。三人ひと組で読んでみましょう。最初は、一人ずつ順番に読みます。慣れてきたら、三人で声をそろえてみましょう。「キズナ読み」と名付けたのは、メンバーの声をよく聞きながら、自分の声を合わせて、ひとつになる。そう。絆を深める読み方をめざしたいと思います。

〈読み方例①〉

A　まくらのそうし　ろくがつ
B　せいしょうなごん
C　ふと　こころおとりとか
A　するものは
B　おとこもおんなも
C　ことばのもじ
A　いやしゅうつかいたるこそ
B　よろずのことより
C　まさりてわろけれ。
ABC　パン！（手拍子）

〈読み方例②〉

A　まくらのそうし　ろくがつ
ABC　せいしょうなごん
ABC　ふと　こころおとりとか

読み方は、いくらでもあります。クラスの実態にもよりますが、月の中でも読み方を少しずつ変化をつけるのが、マンネリを防ぐためにもよいことだと思います。

《学級活動であそぼ》

7月 もうすぐ夏休み！

～夏休みにしたいことをポエムにして声に出そう！

●7月に入って暑くなってくると、もうすぐ夏休み、という気分になってきますよね。そこで、夏休みにしたいことをいっぱい考えてポエムにしてみましょう。

★暑くて勉強に身が入らない、なんて言わないで、楽しいことを考えてみましょう。もうすぐやってくる夏休みのことを考えたら、気分もうきうきしてくるでしょう。夏休みにしたいことを並べるだけでも、ちょっとしたポエムになってしまいます。「なつやすみ」などの頭文字で始まる一行を集めて一つのポエムにするという方法もあります。むずかしいことを考えないで、楽しいことだけ考えて書いてみましょう。

【目安の学習時間】 40分

【準備するもの】 ●ワークシート　●短冊（一行書けたら黒板に貼る）

①夏休みにしたいことを自由に書く。

T　もうすぐ夏休み。みんなは、夏休みにどんなことをしたいですか。

C　海に行きたい　C　旅行したい　C　おばあちゃんちに行きたい

C　いっぱい遊びたい　C　のんびりしたい

★どんなことでもよいので、なるべく自由にいっぱい書かせましょう。

②夏休みにしたいことをポエムにする。

T　夏休みにしたいことをいっぱいならべてポエムにしてみましょう。

作品例1

海に行きたい
旅行に行きたい
おばあちゃんちにも行きたい
いっぱい遊びたい
でものんびりもしたい
早くこいこい夏休み！

作品例2

なつやすみになったら
つりにいきたい
やっぱり夏は
すいかを食べたい
みんなで楽しもう夏休み
うみにいきたい
みずがきもちいい
にんげんだから
いきているから
こうえんいくより
うみにいきたい

★あまり制限を与えず、自由にしたいことを並べるだけでもよいでしょう。少しだけ語尾を変えたりしてみるとよいでしょう。

★みんなで声をそろえて読むことにより、わくわく感を演出しましょう。

④できた作品をみんなで声をそろえて読む。

7月 もうすぐ夏休み！

～夏休みにしたいことをポエムにして声に出そう！

年　組　名前

①夏休みにどんなことをしたいですか。

②「夏休み」にぴったりな言葉の頭文字を考えて、ポエムを書きましょう。

メモ

作品例

夏休み
海に行きたい
旅行に行きたい
おばあちゃんちにも行きたい
いっぱい遊びたい
でものんびりもしたい
早くこいこい夏休み！

読み方例　⑨エコー読み

リーダー　なつやすみ
廊下側　なつやすみになったら
窓側　つりにいきたい
廊下側　やっぱり夏は
窓側　すいかを食べたい
全員　みんなで楽しもう夏休み
リーダー　海に行こう
廊下側　うみにいきたい
窓側　みずがきもちいい
廊下側　にんげんだから
窓側　いきているから
廊下側　こうえんいくより
窓側　うみにいきたい
全員　パン！（手拍子）

★夏休みに、早く来るようにと呼びかえるように読みましょう。

《言葉であそぼ》

あいうえおばけ

あいうえ　おばけは　よるにでる
かきくけ　こどもの　いるところ
さしすせ　そうぞう　してごらん
たちつて　とにかく　にげるんだ
なにぬね　のそのそ　してないで
はひふへ　ほんとに　こわいんだ
まみむめ　もうすぐ　あらわれる
やいゆえ　よいこは　はやくねろ
らりるれ　ろうかに　あしおとが
わいうえ　おわらぬ　このはなし

「あいうえお」をつかってあそびましょう。もうすぐなつやすみ。なつといえば、おばけのはなし。ということで、まずは、「おばけ」をおだいにしてみましょう。

一人でぜんぶかけたらよいのですが、ここはグループでわいわいやりながら、たのしくかいてみましょう。「おばけ」ができたら、ちがうおだいをかんがてみるのもよいでしょう。

「お」ではじまることばならなんでもよいです。たとえば、「おにぎり」「おでかけ」「おりがみ」なんでもよいです。ポエムのいみは、あまりかんがえなくてもよいですから、たのしくやってみましょう。

ワークシート例

あいうえおばけ			
あいうえ	お		
かきくけ	こ		
さしすせ	そ		
たちつて	と		
なにぬね	の		
はひふへ	ほ		
まみむめ	も		
やいゆえ	よ		
らりるれ	ろ		
わいうえ	お		

読み方 ⑫ リズム読み

4・4・5のことばのまとまりになっているので、リズムをつけて読みましょう。「パン・パン・パンパンパン」の手拍子でやってみると合いそうです。

〈読み方例〉

リーダー　あいうえおばけ
　パン　パン　パンパンパン
全員　あいうえ　おばけは　よるにでる
　パン　パン　パンパンパン
全員　かきくけ　こどもの　いるところ
　パン　パン　パンパンパン
全員　さしすせ　そうぞう　してごらん
　パン　パン　パンパンパン
全員　たちつて　とにかく　にげるんだ
　パン　パン　パンパンパン
全員　なにぬね　のそのそ　してないで
　パン　パン　パンパンパン
全員　はひふへ　ほんとに　こわいんだ
　パン　パン　パンパンパン
全員　まみむめ　もうすぐ　あらわれる
　パン　パン　パンパンパン
全員　やいゆえ　よいこは　はやくねろ

《季題シート》

七月の季題

梅雨明《つゆあ》け　虹《にじ》　七夕《たなばた》
あつい　あせ　ひきがえる
ハンカチ　雷《かみなり》　冷《ひ》や奴《やっこ》
ザリガニ　メロン　ビール
かき氷《ごおり》　バナナ
アイスクリーム

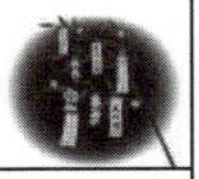

★1つのはいくに1つのきごをいれましょう！

もうすぐ夏休《なつやす》みですね。心《こころ》はうきうきしていますか。その前《まえ》に、今《いま》までの復習《ふくしゅう》をしっかりしないといけませんね。楽《たの》しい夏休《なつやす》みの前《まえ》に、俳句《はいく》を詠《よ》んでみるのもいいものです。たくさんの作品《さくひん》を待《ま》ってます。

はいくきょうしつ・おだい「七夕《たなばた》」

たなばたに　できますように　さかあがり（2年）
たなばたに　うちゅうにいくと　ねがいこめ（2年）

のくをおてほんに「**たなばた**」のくをつくってみましょう。たなばたにおねがいしたいことをひだりに、**12おん**でかいてみましょう。←

5	7	5
たなばたに		

小学校
年　組
ふりがな
名前

作品例

天の川二人をあわせる道しるべ　5年
梅雨明けて子どもだらけの公園だ　5年
ザリガニをいろんなえさでつる子ども　5年
学校で**メロン**じゃんけん勝ちすすみ　5年
サッカーの優勝という**虹**かかる　6年
ひややっこつめたくぷるんゆれている　3年
サッカーでゆうしょういわう**雷**だ　4年
すぐとける**アイスクリーム**すぐ食べて　4年
キラキラと夏のほう石**かきごおり**　3年

日本学校俳句研究会　http://gakkohaiku.sitemix.jp/

《俳句とあそぼ》

七月の句

たなばたに　みらいをてらす　ねがいごと

たなばたにみらいをてらすねがいごと・2年

にじがでて　みんなのこころ　はればれと

虹が出てみんなの心晴れ晴れと・4年

つゆあけて　てるてるぼうず　ありがとう

梅雨明けててるてるぼうずありがとう・5年

キラキラと　なつのほうせき　かきごおり

キラキラと夏のほう石かきごおり・2年

したいこと　たくさんしよう　なつやすみ

したいことたくさんしよう夏休み・6年

読み方④リバー読み（子どもリーダー）

リバー読みとは、列ごとに読んでいくものです。

リバーは川。一列ごと二列ごとというように変化をつけてみるのもおもしろいと思います。一日ごとに列の読む順番をずらしてもよいでしょう。また、国語の授業で、一文ずつ、一段落ずつ読む際にも、応用できます。

子どもA　たなばたにみらいをてらすねがいごと
全員　パン！（手拍子）
列1　たなばたにみらいをてらすねがいごと
全員　パン！（手拍子）
列2　たなばたにみらいをてらすねがいごと
廊下側　パン！（手拍子）
列3　たなばたにみらいをてらすねがいごと
廊下側　パン！（手拍子）

ここでは、一句を列ごとにくり返し読むリバー読みでしたが、一列一句ずつ読んでいくのもよいでしょう。五句あれば、週ごとにずらしていくと、ちがう句を読むことになります。

たなばたに　かなうちいさな　ねがいごと

七夕にかなう小さな願いごと6年

にじみえて　おそらのくもも　わらいだす

にじ見えてお空のくももわらいだす2年

くちもとに　アイスクリームの　ひげつける

くちもとにあいすくりいむのひげつける1年

かきごおり　おおきなやまを　たべつくせ

かき氷大きな山を食べつくせ3年

ギラギラと　ひかりがてらし　つゆあける

ギラギラと光がてらし梅雨明ける6年

七月の句　正岡子規

つゆばれや　ところどころに　ありのみち

梅雨晴やところどころに蟻の道

ちゅうをふむ　ひとやあおたの　みずぐるま

中をふむ人や青田の水車

くものみね　ならんでひくし　うみのはて

雲の峰ならんで低し海のはて

ゆうぐれの　こさめににたり　みずすまし

夕暮の小雨に似たり水すまし

ででむしや　あまぐもさそう　つののさき

蝸牛や雨雲さそふ角のさき

七月 松陰先生《しょういんせんせい》のことば・四

いっこのろうをかろんずるに
あらざるよりは
いずくんぞちょうみんの
やすきをいたすをえん

一己の労を軽んずるにあらざるよりは
いずくんぞ兆民の安きをいたすをえん

松陰先生はいいました。
じぶんひとりのことをいっしょうけんめいにやらなければ、おおくの人のためにつくすようなりっぱな人にはなれません。
まずはじぶんじしんがするべきことをするのです。

読み方 ④リバー読み（子どもリーダー）

松陰先生のことばをそのまま全員で声をそろえるだけでも、価値の高い文だと思いますが、そこをあえて違う読み方をするのは、クラスの一体感を出すためです。リーダーをやってくれる子には、ぜひ松陰先生になりきって、志をもって読んでほしいと思います。

〈読み方例①〉

リーダー　しょういんせんせいのことば　フォー
全員　しょういんせんせいのことば　フォー
列1　いっこのろうをかろんずるに
列2　あらざるよりは
列3　いずくんぞちょうみんの
列4　やすきをいたすをえん
全員　パン！（手拍子）

〈読み方例②〉

リーダー　しょういんせんせいのことば　フォー
全員　しょういんせんせいのことば　フォー
列1　いっこのろうをかろんずるに　あらざるよりは
列2　いずくんぞちょうみんの　やすきをいたすをえん
列3　いっこのろうをかろんずるに　あらざるよりは
列4　いずくんぞちょうみんの　やすきをいたすをえん
全員　パン！（手拍子）

《論語とあそぼ》

七月 論語《ろんご》・孔子《こうし》

子《し》 曰《いわ》く

①われはうまれながらにして
　これをしるものにあらず

②さんねんにして なすことあらん

③やむはわがやむなり、
　すすむはわがゆくなり

④せい あいちかし。
　ならえば あいとおし

①**我れは生まれながらにしてこれを知る者に非ず**

じぶんはうまれながらにして、いろいろしっていたのではない。

②**三年にして成すこと有らん**

三年たてばりっぱなことをなしとげられる。

③**止むは吾が止むなり、進むは吾が往くなり**

やめるのもじぶんがやめたのである。すすむのもじぶんがすすんだのである。

④**性、相い近し。習えば、相い遠し**

うまれつきはにていても、きょうようやしゅうかんでちがってくるものだ。

読み方④リバー読み（子どもリーダー）

教室の机の並びで列ごとに読んでいきます。廊下側から始めたり、窓側から始めたりして変化をつけていきます。子どもリーダーがタイトルを読むのを合図に、自然な間で進んでいくようになるでしょう。

〈読み方例〉

リーダー　ろんご　しちがつ　こうし
列1　し　いわく
列2　われはうまれながらにして
列3　これをしるものにあらず
列4　さんねんにして　なすことあらん
列5　やむはわがやむなり、
列1　すすむはわがゆくなり
列2　せいあいちかし
列3　ならえばあいとおし

廊下側から窓側に向かっていき、最後の列までいったら、廊下側にもどってくり返すのもよいですし、1→2→3→4→5→4→3のようにもどってくるようにしてもよいでしょう。窓側から始めたり、まん中の列から始めたりして、一ヶ月で、全部の列が全部の文を読めるようにするとよいでしょう。

七月 山亭《さんてい》の夏日《かじつ》・高駢《こうべん》

りょくじゅ
かげこまやかにして
かじつながし
緑樹陰濃夏日長

ろうだい
かげをさかしまにして
ちとうにいる
楼台倒影入池塘

すいしょうのれんうごいて
びふうおこり
水精簾動微風起

まんかのしょうび
いちいんかんばし
満架薔薇一院香

ここは、きぞくだったさくしゃの、山のべっそうです。じかんもくうきもとまってしまったようななつの日。木のかげのこさが、じりじりとてりつける日ざしのあつさを、つよくかんじさせます。いけのほとりにたつおやしきのかげは、かがみのような水めんにさかさまにうつったまま、じっとうごきません。そっとかすかなかぜがふいて、すいしょうのすだれがゆれ、にわいっぱいにさいているバラの花のあまいかおりがあふれています。

読み方 ④リバー読み

七月はリバー読みです。列ごとに声をそろえていきましょう。リーダーがタイトルを読むのを合図に、たての列ごとに読み進めていくものです。最初は、一行ずつ短いまとまりで、声がそろってきたら、少し長くしていくのもよいでしょう。

〈読み方例①〉
リーダー さんていのかじつ　こうべん
列1 りょくじゅ
列2 かげこまやかにして
列3 かじつながし
列4 ろうだい
列5 かげをさかしまにして
列6 ちとうにいる
列1 すいしょうのれんうごいて
列2 びふうおこり
列3 まんかのしょうび
列4 いちいんかんばし
全員 パン!(手拍子)

〈読み方例②〉
リーダー さんていのかじつ　こうべん
列12 りょくじゅ　かげこまやかにして　かじつながし
列34 ろうだい　かげをさかしまにして　ちとうにいる
列56 すいしょうのれんうごいて　びふうおこり
列12 まんかのしょうび　いちいんかんばし
全員 パン!(手拍子)

やはり日替わり、または週替わりで、読む列をずらしていくのもよいでしょう。列の数によっては、二列ずつで読みます。

《枕草子とあそぼ》

七月 枕草子《まくらのそうし》・清少納言《せいしょうなごん》

いみじゅうあつきひるなかに、
いかなるわざをせんと、
おうぎのかぜもぬるし、
ひみずにてをひたし、
もてさわぐほどに・・・・

いみじう暑き昼中に、
いかなるわざをせむと、
扇の風もぬるし、
氷水に手をひたし、
もてさわぐほどに・・・・

ひどくあついまひるに、どうしたらすずしくなるだろうかと、せんすのかぜもなまぬるいし、こおり水に手をつけたり、こおりをもったりさわいでいるときに、手がみがとどきました。こころのこもった文のおかげで、あつさをわすれた少納言さんでした。そのころは、れいぞうこなんてなかったから、ふゆにできたこおりをだいじにすずしいばしょでなつまでしまっておきました。まずはてんのうにけんじょうされ、のこりを少納言さんたちがもらっていたのです。

読み方 ⑧フォルテ読み

一人ずつ、二人、そして三人ひと組で読んで、「枕草子」にもだいぶ慣れてきたので、一学期のまとめとして、クラス全員で声をそろえてみましょう。最初は、そろわなくてもかまいません。日を重ねるごとに、声もそろってくるはずです。リーダーの合図で始められるとよいでしょう。

〈読み方例〉

リーダー まくらのそうし　しちがつ
全員 せいしょうなごん
全員 いみじゅうあつきひるなかに、
全員 いかなるわざをせんと、
全員 おうぎのかぜもぬるし、
全員 ひみずにてをひたし、
全員 もてさわぐほどに・・・・
全員 パン！（手拍子）

一学期も終わりになると、クラスもまとまりを見せてくるころでしょう。クラスのまとまりと声がそろうのは、何かしらの関係があるのではないかと思います。音読の声がそろっているのを聞いて、クラスのまとまりを感じる、なんていうのもすてきじゃないですか。そう感じるためにも、毎日一人でする音読練習が重要になってくると思います。家庭での音読練習の成果を、教室で、全員で出せるよう願っております。

《学級活動であそぼ》

8月 たのしい夏休み！

～夏休みの思い出をポエムにして声に出そう！

●8月もそれぞれの家庭で楽しい夏休みを過ごしていることでしょう。宿題の日記を書くことも多いですね。特に楽しかった思い出を一つポエムにしてみましょう。

★「なつやすみ」でもよいですし、旅行に行ってきたところでもよいでしょう。頭文字を使ってポエムを書くことにもなれてきたことでしょう。いろいろなものがいっぱいできるはず。夏休みの課題の一つにするのもよいですが、できれば夏休み明けに、みんなでわいわい思い出を話しながら書くのが楽しいと思います。できた作品のいくつかをみんなで読んでみるのもよいでしょう。

【目安の学習時間】 40分
【準備するもの】 ●ワークシート　●夏休みに書いた日記など

①夏休みに楽しかったこと、思い出になったことを自由に書く。

T　夏休みにしたこと、楽しかったこと、がんばったことを思いつくままに書いてみよう。

C　映画をみた　　C　本をたくさん読んだ
C　野球の練習をした　　C　自由研究をがんばった
C　旅行に行った　　C　いとこと遊んだ

★できれば夏休みだからしたことできたことをいっぱい書かせましょう。

②夏休みの思い出をポエムにする。

T　夏休みにしたこと、楽しかったこと、がんばったことをポエムにしてみましょう。

作品例1

プールに行った**夏休み**
いっぱい泳いだ**夏休み**
真っ黒に日やけした**夏休み**
もっと泳ぎたかった**夏休み**
終わっちゃった**夏休み**
短すぎるよ**夏休み**
早く来い来い来年の**夏休み**

★～夏休みで一行を終わるようにすると書きやすくなるでしょう。

作品例2

な　にもすることなくて
つ　まらない日もあったけど
や　っぱり楽しいこといっぱい
す　いかをいっぱい食べた
み　んみんぜみつかまえた

も　うもどれない
う　みにもプールにも行った
い　ちねんでいちばん楽しい
ち　ょー楽しかった
ど　こへ行ったの夏休み

④できた作品をみんなで声をそろえて読む。

8月 たのしい夏休み！

～夏休みの思い出をポエムにして声に出そう！

年　　組　　名前

①夏休みにしたこと、楽しかったこと、がんばったことを思いつくままに書いてみよう。

②「夏休み」にぴったりな言葉の頭文字を考えて、ポエムを書きましょう。

作品例

夏休み
プールに行った**夏休み**
いっぱい泳いだ**夏休み**
真っ黒に日やけした**夏休み**
もっと泳ぎたかった**夏休み**
終わっちゃった**夏休み**
短すぎるよ**夏休み**
早く来い来い来年の**夏休み**

読み方例　②ペア読み

A　なにもすることなくて
B　つまらない日もあったけど
A　やっぱり楽しいことといっぱい
B　すいかをいっぱい食べた
A　みんみんぜみつかまえた
B　もうもどれない
A　うみにもプールにも行った
B　いちねんでいちばん楽しい
A　ちょー楽しかった全
B　どこへ行ったの夏休み
AB　パン！（手拍子）

★夏休み中は、家にいっしょにいる人とペア読みをしましょう。

メモ

はいくであそぼ⑤ 天の川・虹

おだい 「虹《にじ》」

「にじみえて つかれがとんで げんきだよ」

「にじみえて みんなのえがお たからもの」

「にじみえて わたしのかなしみ きえていく」をおてほんにして、

にじがみえたときにどんなよいことがあったか（ありそうか）かきましょう。

にじみえて	7	5

小学校　ねん　くみ　なまえ

あまのがわ	きれいなそら○	5

まるまるはいく 「天の川 きれいな空に 手を上げた」

あまのがわ きれいなそら○ ○○○○○

○のところをかいてみましょう。

ワンポイントアドバイス！・おりひめとひこぼしがあえるという「あまのがわ」。ねんに一どねがいごとがかなう日にどんなことをおねがいするかおもいうかべてかいてみましょう。

はいくであそぼ⑥ 夏の果・Tシャツ

おだい 「Tシャツ《てぃしゃつ》」

「Tシャツを びしょびしょにして かけまわる」

「Tシャツの ミッキーおともに かいもの〈」をおてほんにして、

すきなTシャツ、Tシャツをきてどんなことするかかきましょう。

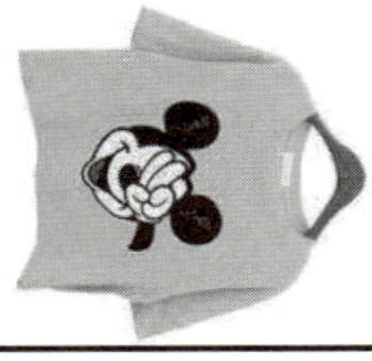

Tシャツ○	7	5

小学校　ねん　くみ　なまえ

だんだんと	7	なつのはて

まるまるはいく 「だんだんと くもつりゆく 夏の果」

だんだんと ○○○○○○○ なつのはて

○のところをかいてみましょう。

ワンポイントアドバイス！・なつのはてとは、なつのおわりのこと。なつやすみがおわりにちかづいてきたころ、だんだんとどうなってきたかおもいだしてかいてみましょう。

《季題シート》

夏休みの季題

夏休《なつやすみ》み
ひまわり　朝顔《あさがお》　花火《はなび》
夕焼《ゆうやけ》け　夕立《ゆうだち》　昼寝《ひるね》
すいか　風鈴《ふうりん》　海《うみ》
せんぷうき　クーラー　日焼《ひやけ》け
せみ　夏祭《なつまつ》り　暑中見舞《しょちゅうみまい》い
蚊《か》　ゆかた　カブトムシ

★1つのはいくに1つのきごをいれましょう！

さあ、夏休《なつやす》みが来《き》ました。海《うみ》に行《い》ったり、花火《はなび》をしたり、楽《たの》しいことがいっぱいです。楽《たの》しいことがあったら、心《こころ》に残《のこ》った風景《ふうけい》を俳句《はいく》にして残《のこ》しておきましょう。

はいくきょうしつ・おだい「せみのこえ」

がんばれと聞こえてくるよせみの声（5年）

しゅくだいはじをきれいにとせみのこえ（2年）のくをてほんにして**「せみのこえ」**のくをつくってみましょう。せみのなきごえをきいて、どんなことをいっているのか、そうぞうしてかきましょう。←

せみのこえ

小学校

年　　組

ふりがな

名前

作品例

カレンダーめくりたくない**夏休み**　3年

昼寝しておきたら勉強がんばるぞ　6年

あさがおははやおきだけのたからもの　2年

ひまわりがぬかしてみろとせのびする　3年

げんきかな会いたくなるよ**しょ中見まい**　3年

男の子**ゆかた**すがたにひとめぼれ　6年

弟のえがおいっぱい**カブトムシ**　5年

蚊にさされ足いっぱいにうらみあり　5年

せんぷうきもえてるおれをひやしてね　4年

日本学校俳句研究会　http://gakkohaiku.sitemix.jp/

八月の句

ひまわりが　ぬかしてみろと　せのびする

ひまわりがぬかしてみろとせのびする・２年

おとうとの　えがおいっぱい　**カブトムシ**

弟のえがおいっぱいカブトムシ・４年

ひるねして　おきたらべんきょう　がんばるぞ

昼寝しておきたら勉強がんばるぞ・５年

かにさされ　あしいっぱいに　うらみあり

蚊にさされ足いっぱいにうらみあり・４年

カレンダー　めくりたくない　**なつやすみ**

カレンダーめくりたくない夏休み・２年

読み方②ペア読み

ペア読みとは、二人で順番に読むものです。夏休みに、一人で読むのもよいのですが、できれば家の人に協力してもらって、ペア読みをしてみましょう。

A　ひまわりがぬかしてみろとせのびする

二人　パン！（手拍子）

B　ひまわりがぬかしてみろとせのびする

A　おとうとのえがおいっぱいカブトムシ

二人　パン！（手拍子）

B　おとうとのえがおいっぱいカブトムシ

夏休みに毎日続けていると、ペアになってくれた人も俳句を五つ暗唱できるようになります。毎日、ペアを変えるのもおもしろいでしょう。

たとえば、兄弟姉妹、お父さんお母さん、おじいちゃんおばあちゃん、遊びに来たいとこ。

音読の仲間を増やしていきましょう。

ミンミンと　みじかきいのち　いきてゆく

ミンミンと短き命生きてゆく3年

ことしこそ　つかまえてやる　カブトムシ

ことしこそつかまえてやるカブトムシ4年

あさがおは　はやおきだけの　たからもの

あさがおははやおきだけのたからもの1年

げんきかな　あいたくなるよ　しょちゅうみまい

げんきかな会いたくなるよしょ中見まい2年

ひるねして　おきたらべんきょう　がんばるぞ

昼寝しておきたら勉強がんばるぞ5年

八月の句　小林一茶

いましがた　このよにいでし　せみのなく

今しがた此世に出し蝉の鳴

みじかよや　くねりざかりの　おみなえし

短夜やくねり盛の女郎花

わんぱくや　しばられながら　よぶほたる

わんぱくや縛れながらよぶ蛍

とねがわは　ねてもみゆるぞ　なつこだち

刀禰川は寝ても見ゆるぞ夏木立

いなずまに　へなへなはしを　わたりけり

稲妻にへなく橋を渡りけり

《松陰先生の言葉》

八月 松陰《しょういん》先生《せんせい》のことば・五

およそどくしょのこうは
ちゅうやをすてず
すんいんをおしみて
これをはげむにあらざれば
そのこうをみることなし

凡そ読書の功は昼夜を舎てず
寸陰を惜しみて是れを励むにあらざれば
其の功を見ることなし

松陰先生はいいました。
どくしょのこうかをあげようとおもうのならひるもよるもなく、わずかなじかんでもおしんでしゅうちゅうしてよむようでなければ、じぶんをたかめることはできないものだ。

読み方 ②ペア読み

夏休みは、ペア読みです。松陰先生のありがたいお言葉をおうちの方にも伝えてあげましょう。ぜひ聞いてみてください。「あなたの志はなんですか?」

〈読み方例①〉

A　しょういんせんせいのことば　ファイブ
B　しょういんせんせいのことば　ファイブ
A　およそどくしょのこうは
B　およそどくしょのこうは
A　ちゅうやをすてず
B　ちゅうやをすてず
A　すんいんをおしみて
B　すんいんをおしみて
A　これをはげむにあらざれば
B　これをはげむにあらざれば
A　そのこうをみることなし
B　そのこうをみることなし
AB　パン!(手拍子)

〈読み方例②〉

A　しょういんせんせいのことば　ファイブ
B　およそどくしょのこうは
A　ちゅうやをすてず
B　すんいんをおしみて
A　これをはげむにあらざれば
B　そのこうをみることなし
AB　パン!(手拍子)

八月

論語《ろんご》・孔子《こうし》

子《し》 曰《いわ》く

①ともあり、えんぽうよりきたる、
またたのしからずや

②おのれにしかざるものを
ともとすることなかれ

③ぎをみてせざるは、ゆうなきなり

④ひとの　おのれをしらざることをうれえず、
ひとをしらざることをうれう

①朋あり、遠方より来たる、亦た楽しからずや

ともだちがとおくからたずねてくるのは、いかにもたのしいことだ

②己れに如かざる者を友とすること無かれ

ともだちをつくるのなら、じぶんよりすぐれた人にしよう

③義を見て為ざるは、勇なきなり

やらなければいけないことをめのまえにしながら、なにもしないのはゆうきがないということだ

④人の己れを知らざることを患えず、人を知らざることを患う

人がじぶんのことをしってくれないことをきにするより、じぶんがあいてのことがわからないことをきにするべきだ。

読み方②ペア読み

夏休みに一人で読むのもよいのですが、できることならばおうちの方といっしょに孔子先生のお言葉を読むというのはいかがでしょうか。

二人で交互に読むペア読みです。お父さん、お母さん、おじさん、おばさん、兄弟姉妹、遊びに来たいとこ、多くの方に孔子先生の教えを伝えてください。

〈読み方例〉

A　ろんご　はちがつ　こうし
B　し　いわく
A　ともあり、えんぽうよりきたる
B　またたのしからずや
A　おのれにしかざるものを
B　ともとすることなかれ
A　ぎをみてせざるは、ゆうなきなり
B　ひとの　おのれをしらざることをうれえず、
A　ひとをしらざることをうれう

帰省のある人は、久しぶりに会うおじいちゃんやおばあちゃんに「論語」をぜひ聞かせてあげてください。きっと「うちの孫は、優秀だなあ〜」と泣いて喜ぶことでしょう。

八月

出塞《しゅっさい》・王昌齢《おうしょうれい》

しんじのめいげつ
かんじのかん

秦時明月漢時関

ばんりちょうせいしして
ひといまだかえらず

万里長征人未還

ただりゅうじょうの
ひしょうをしてあらしめば

但使龍城飛将在

こばをして
いんざんをわたらしめじ

不教胡馬度陰山

ずっとむかしのちゅうごくのじだいより、月をあびてたっていたせきしょ。とおくばんりまでたたかいにいった人は、まだかえってこない。とびしょうぐんとおそれられたかたがいたならば、てきが山をこえて入ってくるようなことはなかっただろうに。

読み方②ペア読み

夏休みに一人で読むのもよいのですが、できることならば、おうちの方といっしょに漢詩を読んでみましょう。

二人で交互に読むペア読みです。お父さん、お母さん、おじさん、おばさん、兄弟姉妹、遊びに来たいとこ、多くの方に漢詩を教えてください。

〈読み方例〉

A　しんじのめいげつ
B　かんじのかん
A　ばんりちょうせいしして
B　ひといまだかえらず
A　ただ　りゅうじょうの
B　ひしょうをしてあらしめば
A　こばをして
B　いんざんをわたらしめじ
AB　パン！（手拍子）

夏休みに音読をがんばる人は、その後に大きな成果が出るもの。ぜひ夏休みにも音読を毎日続けてほしいと思います。できることなら、おうちの方に協力してもらいたいのですが、漢詩を読んだことがない、という大人も多いと思われます。中学生や高校生の兄弟がいたらラッキー。授業で習った漢詩もあるかと思われます。ひとりで読むのもよいのですが、できたらペアを探して読んでみましょう。

八月

枕草子《まくらのそうし》・清少納言《せいしょうなごん》

あてなるもの
けずりひにあまづらいれて、
あたらしきかなまりにいれたる。
すいそうのずず。
いみじゅううつくしきちごの
いちごなどくいたる。

あてなるもの
削り氷に甘葛入れて、
あたらしき鋺に入れたる。
水晶の数珠。
いみじううつくしきちごの
いちごなど食ひたる。

じょうひんでうつくしいもの。けずったこおりにあまいものをかけてあたらしいきんぞくのおわんに入れてたべた。とてもかわいらしい小さな子が、イチゴなどをたべているのもじょうひんにかんじる。

あまづらとは、木のえきをにつめてつくった、いまでいうシロップ。れいぞうこのないへいあんじだいに、少納言さんも、なつにかきごおりをたべていたのです。

読み方②ペア読み

夏休みは、家族とのペア読みをおすすめします。兄弟姉妹、お父さんお母さん、おじいちゃんおばあちゃん、会うことがあれば、いとことも。いろいろな人と読むのも勉強になります。

〈読み方例〉

A　まくらのそうし　はちがつ
B　せいしょうなごん
A　あてなるもの
B　けずりひにあまづらいれて、
A　あたらしきかなまりにいれたる。
B　すいそうのずず。
A　いみじゅううつくしきちごの
B　いちごなどくいたる。
AB　パン！（手拍子）

「枕草子」を読んだことのある人でも、この段を読んだことのある人は少ないのではないかと思います。千年以上も前に、清少納言さんもかき氷を食べていたことを思い浮べながら食べると、いつもよりもかき氷がおいしく感じるかもしれません。

そんなことをぜひ、いっしょに読んでくれた人に教えてあげてくださいね。

《学級活動であそぼ》

9月 がんばろう運動会！

～運動会への思いをポエムにして声に出そう！

●最近では、5月ごろ行う学校も増えましたが、秋の大きな行事である運動会を取り上げてみましょう。運動会に向けてクラスで団結していける目標となるとよいでしょう。

★「うんどうかい」や学校名でもよいですし、「みんながんばれ」とか「ぜったいかつぞ」など、運動会のスローガンのようにするのもよいでしょう。あまりむずかしい言葉は使わずに、また、長くならないように歯切れのよい作品になるようにしましょう。そして運動会が終わった後には、「がんばった運動会」や「あつくもえた日」なんていうのもよいでしょう。

【目安の学習時間】 40分

【準備するもの】 ●ワークシート　●短冊（一行書けたら黒板に貼る）

①今年の運動会のめあてを発表し合い交流する。

T どんな運動会にしたいですか。

C 思い出にのこる運動会　C 今までで最高の運動会

C 感動する運動会　C 忘れられない運動会

C ビリにならない徒競走　C 組体操をがんばる

②自分がめあてとしたことを頭文字にしてポエムを書く。

T めあてをかんたんな言葉で書いてみよう。

C がんばれあかぐみ　C いっとうしょうをとる

C ぜったいにゆうしょう　C おうえんをがんばる

★かんたんな言葉で、あまり長すぎないようにしましょう。

T めあてにした言葉を頭文字にしてポエムにしてみよう。

作品例

がん ばって走って
ば いがえししてやる
れ んしゅうをがんばって
あ あかぐみゆうしょう
か つのはあかぐみ
ぐ いぐいひっぱって
み んなでもえろ！

く いのないように
み んなで力を合わせて
た いようもおうえんしてくれる
い たいなんて言わないぞ
そ れゆけ
う んどうかい！

★一人で書けるとよいが、みんなで一つのポエムにするのもよい。一行ずつ書いたものをつなぎ合わせ、多少不自然でもよしとしましょう。

④できた作品をみんなで声をそろえて読む。

9月 がんばろう運動会！

～運動会への思いをポエムにして声に出そう！

年　組　名前

①どんな運動会にしたいですか。

②自分がめあてとした言葉を使った頭文字でポエムを書こう。

メモ

作品例

うんがよければ
どうしても
かっこよく走って
いちいになりたい
がんばれがんばれ
ばいの力をふりしぼり
れんしゅうせいかを出すぞ

読み方例　⑧フォルテ読み

子ども1　うん
全員　うんがよければ
子ども2　どう
全員　どうしても
子ども3　か
全員　かっこよく走って
子ども4　い
全員　一位になりたい
子ども5　がん
全員　がんばれがんばれ
子ども6　ば
全員　ばいの力ふりしぼり
子ども7　れ
全員　れんしゅうせいかを出すぞ
全員　パン！（手拍子）
全員　うんどうかいがんばれ

★一度教室で読んでから、運動会の練習に向かいましょう。

《言葉であそぼ》

ます

できます
やります
わかりますます
べんきょういたします
いきます
きます
もどります
ますます
いそいではしります
ねます
おきます
またねます
ますます
おきるのいやになります

「ます」でおわる文をいっぱいかんがえてつなげていきましょう。できれば、なにかにつながるようなものになるとよいのですが、そこは、ことばあそびですから、きにしないで、たのしくかいて、みんなでよんでみましょう。

ワークシート例

ます	
	ます
	ます
	ます
ますます	
	ます
	ます
	ます
	ます
ますます	
	ます

読み方 ⑫ リズム読み

できるだけ文字数を合わせて書けると、リズムよく読むことができます。

一つ・一つ・三つの手拍子に合わせられるとよいですね。

〈読み方例〉

リーダー ます
　パン　パン　パンパンパン
全員 できます　やります　わかります
　パン　パン　パンパンパン
全員 ますます　べんきょう　いたします
　パン　パン　パンパンパン
全員 いきます　きます　もどります
　パン　パン　パンパンパン
全員 ますます　いそいで　はしります
　パン　パン　パンパンパン
全員 ねます　おきます　またねます
　パン　パン　パンパンパン
全員 ますます　おきるの　いやになります

《季題シート》

九月の季題

月《つき》
秋の風《あきのかぜ》　秋の雨《あきのあめ》　流れ星《ながれぼし》
さわやか　秋の空《あきのそら》　新米《しんまい》
残暑《ざんしょ》　稲刈り《いねかり》　さんま
すず虫《むし》　バッタ　なし
台風《たいふう》　運動会《うんどうかい》
きんもくせい　ひがんばな

★1つのはいくに1つのきごをいれましょう！

芸術《げいじゅつ》の秋《あき》。読書《どくしょ》の秋《あき》。スポーツの秋《あき》。食欲《しょくよく》の秋《あき》。どんな秋《あき》を過《す》ごしていますか？　晴《は》れた日《ひ》には、俳句《はいく》を詠《よ》んでみませんか。目《め》で、耳《みみ》で、鼻《はな》で、肌《はだ》で、秋《あき》を感《かん》じてください。

はいくきょうしつ　おだい「ながれぼし」

だれとでも仲よくしたいながれ星（3年）
せをたかくしてほしいですながれぼし（2年）をおてほんにして、
ながれぼしにおねがいすることやほしいものを←**12おん**でかいてみましょう。

みられるとねがいごとがかなうといわれるほしのことです。

ながれぼし

小学校

年　　組

ふりがな

作品例

ひがんばなキレイのうしろにどくがある　5年
うんどうかいてんきよほうとにらめっこ　1年
ようちえん**きんもくせい**で思い出す　4年
台風がたたきつづけるまどガラス　2年
おまんじゅうたくさん食べて**月**を見る　5年
しとしとと寂しく聞こえる**秋の雨**　6年
バッタとぶそっちいったぞつかまえろ　3年
新米のたけるにおいでおなかすく　4年
朝起きて大きなあくび**秋の風**　4年

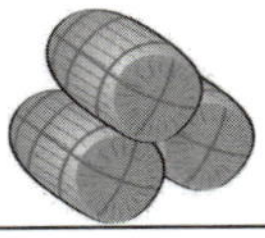

日本学校俳句研究会　http://gakkohaiku.sitemix.jp/

九月の句

まんじゅうを　たべながらみる　おつきさま

まんじゅうを食べながら見るお月様・5年 泰雅

あきのそら　くものてんじょう　たかくなる

秋の空雲の天じょうたかくなる・2年 正聡

きんもくせい　かおりかんじて　はなさがす

金木せいかおり感じて花探す・5年 陽向

たいふうが　おこったように　かぜおこす

台風がおこったように風おこす・2年 晴か

くさむらの　にんじゃのような　バッタかな

草むらのにんじゃのようなバッタかな・4年 凛

読み方 ①リーダー読み（子どもリーダー）

夏休みが終わって、またいっしょに声をそろえる時がきました。初めのうちは、先生がリーダーをつとめてもよいでしょう。また、調子が出てきたら、子どもにリーダーをゆずりましょう。

リーダー読みも、少しバージョンアップして、初めの一句をリーダーが読んだら、そのあとは手拍子をはさんで、続けて読んでいきましょう。

子どもA　まんじゅうをたべながらみるおつきさま
全員　パン！（手拍子）
全員　まんじゅうをたべながらみるおつきさま
全員　パン！（手拍子）
全員　あきのそらくものてんじょうたかくなる
全員　パン！（手拍子）
全員　きんもくせいかおりかんじてはなさがす
全員　パン！（手拍子）
全員　たいふうがおこったようにかぜおこす
全員　パン！（手拍子）
全員　くさむらのにんじゃのようなバッタかな
全員　パン！（手拍子）

秋の空広い地球をつつみこむ　5年 大空

あきのそら　ひろいちきゅうを　つつみこむ

家族との幸せ願う流れ星　5年 夏実

かぞくとの　しあわせねがう　**ながれぼし**

どこからかきんもくせいのかおりする　2年 こうへい

どこからか　**きんもくせい**の　かおりする

なしを切る姉と母との台所　6年 美結

なしをきる　あねとははとの　だいどころ

運動会みんなの力つながる日　5年 衣乃帆

うんどうかい　みんなのちから　つながるひ

九月の句

小林一茶

秋の夜や旅の男の針仕事

あきのよや　たびのおとこの　はりしごと

涼しさや半月うごく溜り水

すずしさや　はんげつうごく　たまりみず

彦星のにこにこ見ゆる木間哉

ひこぼしの　にこにこ見ゆる　このまかな

秋風やあれも昔の美少年

あきかぜや　あれもむかしの　びしょうねん

寝た犬にふはとかぶさる一葉哉

ねたいぬに　ふわとかぶさる　ひとはかな

九月 松陰先生《しょういんせんせい》のことば・六

よのひとは
よしあしごとも
いわばいえ
しずがまことは
かみぞしるらん

《松陰先生の言葉》

世の人はよしあしごともいわばいえ
賤が誠は神ぞ知るらん

松陰先生は、アメリカのふねにのろうとして、しっぱいし、ろうやにいれられてしまいます。そのときにかいたもの。わたしのこうどうをよくないという人もいるだろうが、わたしがくにをおもうこころはかみさまだけがしっている。いまはわかってもらえなくても、いつかわかってもらえると。こうして一〇〇ねんいじょうたったいまでも、松陰先生のこころざしは、おおくの人にうけつがれています。

読み方 ①リーダー読み（子どもリーダー）

夏休みが終わって、ひとまわり大きくなってきた子どもたちに、松陰先生のことばがどのくらい染みこむか。二学期を大きく左右すると言っても過言ではありませんよ。

〈読み方例〉

リーダー　しょういんせんせいのことば　シックス
全員　しょういんせんせいのことば　シックス
リーダー　よのひとは　よしあしごとも　いわばいえ
全員　よのひとは　よしあしごとも　いわばいえ
リーダー　しずがまことは　かみぞしるらん
全員　しずがまことは　かみぞしるらん
全員　パン！（手拍子）

もう、このくらいの長さを全員で声を合わせられるようになっていることでしょう。

松陰先生のことばをいつ音読するか。ぜひ、朝のあいさつが終わったらすぐ、をおすすめします。松陰先生のことばを胸に一日を過ごす。なんかステキじゃないですか。

九月 論語《ろんご》・孔子《こうし》

子《し》 曰《いわ》く ①われをしるものは それ てんか

②いかりをうつさず、
あやまちをふたたびせず

③ひとのいくるは なおし

④いやしくもあやまちあれば、
ひとかならずこれをしる

①**我れを知る者は其れ天か**
わたしのことをわかってくれるのはてんである。

②**怒りを遷さず、過ちを弐たびせず**
おこってやつあたりせず、まちがいをくりかえさないことだ。

③**人の生くるは直し**
人がちゃんと生きているのは、すなおだからだ。

④**苟くも過ちあれば、人必ずこれを知る**
もしまちがいがあれば、人がきづいておしえてくれる。

読み方 ①リーダー読み（子どもリーダー）

夏休みにも練習してきた人なら、九月にもすんなりと声を出せるかもしれませんが、調子が戻るまでは、リーダー読みで様子を見ましょう。すぐに気持ちよい音読を思い出させてくれるはずです。

〈読み方例〉
リーダー ろんご くがつ こうし
全員 ろんご くがつ こうし
リーダー し いわく
全員 し いわく
リーダー われをしるものは それ てんか
全員 われをしるものは それ てんか
リーダー いかりをうつさず
全員 いかりをうつさず
リーダー あやまちをふたたびせず
全員 あやまちをふたたびせず
リーダー ひとのいくるは なおし
全員 ひとのいくるは なおし
リーダー いやしくもあやまちあれば
全員 いやしくもあやまちあれば
リーダー ひとかならずこれをしる
全員 ひとかならずこれをしる

リーダー読み、エコー読み、リバー読み、ペア読み。これまでに4つの読み方を体験している子どもたち。読み方をいろいろ試してみるのもよいでしょう。
その中で、子どもたちがいちばん心地よく感じる読み方を多く取り入れていきましょう。

《漢詩とあそぼ》

九月

涼州《りょうしゅう》のうた・王翰《おうかん》

ぶどうのびしゅ
やこうのはい
　葡萄美酒夜光杯

のまんとほっすれば
びわばじょうにうながす
　欲飲琵琶馬上催

ようてさじょうにふす
きみわらうことなかれ
　酔臥沙場君莫笑

こらいせいせん
いくにんかかえる
　古来征戦幾人回

ぶどうのおさけをかがやくガラスのグラスに入れて、のもうとすると、うまの上からびわの音がさあとうながす。よってさばくにねころんだわたしをわらわないでほしい。むかしからたたかいにいった人のなんにんがぶじに帰ってきたのだろうか。

読み方 ⑥クレッシェンド読み（ペア）

またペアに戻しますが、今度は、少し読み方を変えます。一行のうち一行目を一人で、二行目を二人で読みます。席がとなりどうしでやってみましょう。

〈読み方例〉

A　りょうしゅうのうた
AB　おうかん
A　ぶどうのびしゅ
AB　やこうのはい
A　のまんとほっすれば
AB　びわばじょうにうながす
A　ようてさじょうにふす
AB　きみわらうことなかれ
A　こらいせいせん
AB　いくにんかかえる
AB　パン！（手拍子）

Aは、全文を読むことになります。Bは、二行目を合わせる感じで読みます。少し声が大きくなります。二人の呼吸を合わせて読むと、心地よさを感じるはずです。一日おきにAとBを交代してもよいでしょう。

《枕草子とあそぼ》

九月

枕草子《まくらのそうし》・清少納言《せいしょうなごん》

かぜは、あらし。
くがつつごもり、
じゅうがつのころ、
そらうちくもりて、
かぜのいとさわがしくふきて、
きなるはどもの、
ほろほろとこぼれおつる、
いとあわれなり。

風は、嵐。
九月つごもり、十月のころ、
空うち曇りて、
風のいとさわがしく吹きて、
黄なる葉どもの、
ほろほろとこぼれ落つる、
いとあはれなり。

かぜはあらし。九月のおわり、十月のころに、空がくもってかぜもひどくさわがしくふいて、きいろい木のはがほろほろとちりながらおちるのは、とてもしみじみとかんじられる。少納言さんは、なにごともはんぱなものより、おもいっきりがよいのがすきだったそう。だからかぜといえば、あらし。いつのまにすずしくなったのかしら、となんだかおもしろいとかんじたようです。

「かぜは」のだんでは、いろいろなかぜをかんさつして、それぞれにちがうかぜについてかんじたことをかいています。

読み方⑩リレー読み

少し読み方を変えてみましょう。一行ごとにリレーするように読んでいきます。リレーの順番は、出席番号順、背の順など、できるだけ席がはなれているほうがおもしろいかもしれません。最後までいったら、パン！と手拍子を入れます。

〈読み方例〉

A　まくらのそうし　くがつ
B　せいしょうなごん
C　かぜは　あらし
D　くがつつごもり
E　じゅうがつのころ
F　そらうちくもりて
G　かぜのいとさわがしくふきて
H　きなるはどもの
I　ほろほろとこぼれおつる
J　いとあわれなり
全員　パン！（手拍子）

最初のうちは、順番が来ても忘れてしまったり、間が悪かったりと流れるようにはいかないものです。でも、そこは笑ってスルーすることにしましょう。

一日のうちに、いくつかのメンバーで読んでみるのも楽しいでしょう。また、毎日、読む人がちがうというのも楽しいものです。どのメンバーが、いちばん流れがよいかをよく聞いてみましょう。

《学級活動であそぼ》

10月 食欲の秋！

～おいしいものに感謝しよう！

●秋は食べ物がおいしい季節。ふだん何気なく食べているものに、ポエムにして読むことで感謝の気持ちを示しましょう。

★ここはずばり、すきな食べ物をポエムにしてみましょう。「ぶどう」「くり」「かき」「なし」くだものポエムなんていうのもよいでしょう。「さんま」でもよいですし、日ごろ何気なく食べているものをポエムにすることで、食べ物に感謝の気持ちを示しましょう。また、「きんもくせい」「ひがんばな」「こすもす」なんていう花ポエムにもアレンジできますね。

【目安の学習時間】40分

【準備するもの】●ワークシート　●廊下（教室）掲示するための用紙

①秋の食べ物で思い浮かぶものを自由に発表する。

T　秋といえば、どのような食べ物を思い浮べますか。

C　ぶどう　C　かき　C　くり　C　なし

T　くだものが多いですね。ほかにはありませんか。

C　さんま　C　新米　C　かぼちゃ　C　さつまいも

②秋の食べ物をならべてポエムを書く。

T　自分がすきなものをならべてポエムを書いてみましょう。

作品例1

しゃりっと**おいしい**なし

なしのアイスも**おいしい**な

ひとつぶごとに**おいしい**ぶどう

ぶどうジュースのみたいな

ほくほく**おいしい**くり

くりごはんもたべたいなあ

あきは**おいしい**ものだらけ

★「おいしい」などかんたんな言葉を入れると書きやすくなります。

作品例2

あきはおいしいものばかり

きのせいかな

はっぱがあかくなるからかな

おなかがすくからかな

いつもおいしくかんじるよ

しらないうちにおかわり

いきているからかな

しょくじの時間が

くると言われる

よくかんで

くうふくにまけて

のどもかわいて

あきの食べ物

きちんと食べよう

④できた作品をみんなで声をそろえて読む。

10月 食欲の秋！

〜おいしいものに感謝しよう！

年　　組　　名前

①秋といえば思いうかんでくる食べ物をたくさんあげてください。

②自分がすきなものをならべて、または、頭文字を考えてポエムにしてみましょう。

メモ

作品例

あ きはおいしいものばかり
き のせいかな
は っぱがあかくなるからかな
お なかがすくからかな
い つもおいしくかんじるよ
し らないうちにおかわり
い きているからかな

読み方例　⑫リズム読み

パン　パン　パンパンパン
しゃりっとおいしいな〜し

パン　パン　パンパンパン
なしのアイスもおいしいな

パン　パン　パンパンパン
ひとつぶごとにおいしいぶどう

パン　パン　パンパンパン
ぶどうジュースのみたいな

パン　パン　パンパンパン
ほくほくおいしいく〜り

パン　パン　パンパンパン
くりごはんもたべたいなあ

パン　パン　パンパンパン
あきはおいしいものだらけ

★「パン　パン　パンパンパン」と手拍子を入れながら、リズムをつけて読んでみましょう。

《言葉であそぼ》

はいくであそぼ⑦秋の風・さんま

おだい
「さんま」

「さんまやく つばをのみこみ ごはんまつ」「さんまやく かおりただよい ねこそろう」「さんまやく どこがいちばん おいしいの」をおてほんにして、さんまがやけるにおいでどのようなことをかんじるかかきましょう。

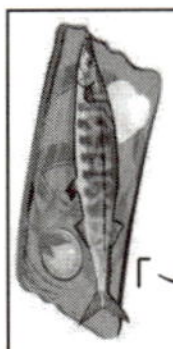

さんまやく	7	5

小学校	ねん くみ	なまえ

○○○○を	おもいださせる	あきのかぜ	

まるまるはいく 「おんせんを 思い出させる 秋の風」

○○○○を おもいださせる あきのかぜ
○のところをかいてみましょう。

ワンポイントアドバイス！ ・あきのさわやかなかぜにふかれているとなにをおもいだしますか。おいしかったもの。たのしかったこと。うれしかったこと。きよねんのうんどうかいのこと。

はいくであそぼ⑧運動会

おだい
「運動会《うんどうかい》」

「がんばるぞ ダンスはじゆやく うんどう会」「はしりぬけ ぜったいかつぞ うんどう会」をおてほんにして、うんどうかいでがんばったことをかいてみましょう。

うんどうかい	7	5

小学校	ねん くみ	なまえ

うんどうかい	7	がんばった

まるまるはいく 「うんどうかい 友のおうえん がんばった」

うんどうかい ○○○○○○○ がんばった
○のところをかいてみましょう。

ワンポイントアドバイス！ ・うんどうかいのれんしゅうのことやうんどうかいのきょうぎやダンス、くみたいそう、おうえんだんのことなど、がんばったことをおもいだしてかいてみましょう。

《季題シート》

十月の季題

秋日和《あきびより》

秋深し《あきふかし》　秋の夜《あきのよる》　秋の暮《あきのくれ》

夜長《よなが》　いもほり　かき

もも　くり　ハロウィン

赤い羽根《あかいはね》　赤とんぼ《あかとんぼ》　体育の日《たいいくのひ》

コオロギ　かまきり　コスモス

★1つのはいくに1つのきごをいれましょう！

すごしやすい季節《きせつ》になりましたね。それに食《た》べ物《もの》のおいしい季節《きせつ》。口《くち》でも秋《あき》を感《かん》じるかもしれません。たくさんの作品《さくひん》を待《ま》っています。

作品例

友だちと別れた道の**赤とんぼ**　5年

もも食べてやる気がアップ勉強だ　6年

いもうとががんばってきた**おいもほり**　1年

次の日は筋肉痛だ**体育の日**　6年

ハロウィンにたべたシチューがおいしくて　1年

赤い羽根少しのやさしさ分け合って　6年

秋の暮オレンジ色の帰り道　5年

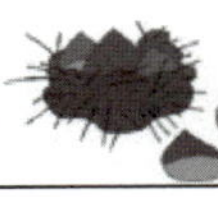

日本学校俳句研究会　http://gakkohaiku.sitemix.jp/

はいくきょうしつ　おだい「あきびより」　あきのよくはれてさわやかな日のことです。

これからも努力ですすむ秋日和・6年

何よりもやりたいことを秋日和・6年　をおてほんにして、

あきの天気のよい日にしたことやかんじたことなどを書いてみましょう。

5 7 5

5 7 5

5 7 あきびより

小学校

年　組

ふりがな

《俳句とあそぼ》

十月の句

てつぼうで　さかあがりして　あきのそら

てつぼうでさか上がりして秋の空・3年佑太

くものうえ　いってみたいな　あきびより

くもの上いってみたいな秋びより・2年帆花

かきくえば　さるかにがっせん　おもいだす

かき喰えばさるかに合戦思い出す・5年寿紀

あかとんぼ　ぼくをせなかに　のせてゆけ

赤とんぼぼくをせなかにのせてゆけ・4年大駕

ハロウィンで　おばけとくらす　いっしゅうかん

ハロウィンでおばけとくらす一週間・4年斗真

読み方⑧フォルテ読み

十月です。秋も深まってきて、だいぶすずしくなるころ。子どもたちの音読も、上達してきたころでしょう。クラス独自のリズムも生まれてきます。先生も、いっしょに声を出していて心地よくなってきます。そろそろ子どもたちにまかせましょうか。一人の子の声が合図となって、最後まで一気に読んでいく読み方です。

子どもA　十月の句
全員　てつぼうでさか上がりして秋の空
全員　パン！（手拍子）
全員　くもの上いってみたいな秋びより
全員　パン！（手拍子）
全員　かき喰えばさるかに合戦思い出す
全員　パン！（手拍子）
全員　赤とんぼぼくをせなかにのせてゆけ
全員　パン！（手拍子）
全員　ハロウィンでおばけとくらす一週間
全員　パン！（手拍子）

クラスがまとまってくるころ、独自のリズムや呼吸が生まれてきます。そこに先生もいっしょに気持ちよく読んでいきましょう。

あおぞらに　こころがゆれる　あきびより

青空に心がゆれる秋日和6年翔一

あかいはね　ほんのすこしの　おもいやり

赤いはねほんのすこしの思いやり2年涼乃

かぜにのり　いっとうしょうの　あかとんぼ

風にのり一とうしょうの赤とんぼ3年日菜子

コスモスが　そらにえがおを　おくってる

コスモスが空に笑顔を送ってる6年葵

あきのくれ　オレンジいろの　かえりみち

秋の暮オレンジ色の帰り道5年諒祐

十月の句

松尾芭蕉

あきのよを　うちくずしたる　はなしかな

秋の夜を打ち崩したる咄かな

あかあかと　ひはつれなくも　あきのかぜ

あかあかと日は難面もあきの風

このみちや　ゆくひとなしに　あきのくれ

此道や行く人なしに秋の暮

めいげつや　いけをめぐりて　よもすがら

名月や池をめぐりて夜もすがら

あきふかき　となりはなにを　するひとぞ

秋深き隣は何をする人ぞ

十月 松陰先生《しょういんせんせい》のことば・七

こころざしをたてて　もって
ばんじのみなもととなす
しょをよみて　もって
せいけんのおしえをかんがう

志を立ててもって万事の源となす
書を読みてもって聖賢の訓をかんがう

《松陰先生の言葉》

松陰先生はいいました。

なにをするにも、こころざしがなければ、なんにもならない。

だからこころざしをたてることがいちばんである。

しょもつをよんで、聖人（せいじん）賢人（けんじん）のおしえをさんこうにして、じぶんのかんがえをまとめることがたいせつだ。

読み方 ⑧フォルテ読み

十月です。子どもたちの声も一つになって、心地よい響きを感じられるころです。全員が松陰先生のことばをかみしめながら音読できるなんて、ステキじゃないですか。ここは、もうリーダーがタイトルを読むのを合図に、子どもたちにまかせて読んでみましょう。

〈読み方例〉
リーダー　しょういんせんせいのことば　セブン
全員　こころざしをたてて
全員　もって　ばんじのみなもととなす
全員　しょをよみて
全員　もって　せいけんのおしえをかんがう
全員　パン！（手拍子）

リーダーの手拍子（パン！）を合図に始めるのもよいでしょう。毎月の最終週あたりは、全部この読み方にしてもよいかもしれません。月の中でも、少しずつ変化をもたせて読むことも、マンネリを避けることになるはずです。

十月 論語《ろんご》・孔子《こうし》

子《し》 曰《いわ》く

①われ　さんにんおこなえば
かならず　わがしをう

②くんしは　わしてどうぜず、
しょうじんは　どうじてわせず

③くんしは　これをおのれにもとむ。
しょうじんは　これをひとにもとむ

④じは　たっするのみ

①**我れ三人行えば必ず我が師を得**
三人でこうどうしたら、その中にかならずじぶんの「師（せんせい）」をみつけることができる。

②**君子は和して同ぜず、小人は同じて和せず**
りっぱな人は、みんなとなかよくしておなじことはしない。ちっぽけな人は、人とおなじことはするがほんとうになかよくなることはない。

③**君子は諸れを己れに求む。小人は諸れ人に求む**
りっぱな人は、じぶんをはんせいするが、ちっぽけな人は、人のせいにする。

④**辞は達するのみ**
ことばはいみがつうじることがだいじである。

読み方 ⑧フォルテ読み

いろいろな読み方に慣れてきた子どもたち。十月にもなると、クラス全員で読むのにも、声がそろって独特の心地よさを感じることと思われます。全員で読む、全員の声をそろえるというのが、いちばんの目的ですので、この辺りで、最初から最後まで全員で読むという読み方をぜひ試してみたいと思います。

〈読み方例〉
リーダー　ろんご　じゅうがつ　こうし
全員　し　いわく
全員　われ　さんにんおこなえば
全員　かならず　わがしをう
全員　くんしは　わしてどうぜず、
全員　しょうじんは　どうじてわせず
全員　くんしは　これをおのれにもとむ。
全員　しょうじんは　これをひとにもとむ
全員　じは　たっするのみ

リーダーがタイトルを読むのを合図に、全員で最後まで流れるように進んでいく読み方です。クラスの実態にもよりますが、少しずつ変化をつけて、グレードアップしていきましょう。リーダーがひとつ手拍子をパン！と打つのを合図に読み始めたり、「ろんご！」だけで始めたり。それでも、やはり先生もいっしょに読むということは続けていくのをおすすめします。

十月

山行《さんこう》・杜牧《とぼく》

とおくかんざんをのぼれば
せっけいいななめなり
遠上寒山石径斜

はくうんしょうずるところ
じんかあり
白雲生処有人家

くるまをとめてそぞろにあいす
ふうりんのくれ
停車坐愛楓林晩

そうようは
にがつのはなよりもくれないなり
霜葉紅於二月花

あきのおわりのころの山みちをのぼってゆくと、石ころのみちがずっとななめにつづいていて、白いくもがひろがっているあたりに人のいえが見えた。車をとめて夕ぐれのもみじの林をぼんやりながめると、こうようがはるの花よりもずっとまっ赤にもえていた。

読み方⑦デクレッシェンド読み（ペア）

ペアによるクレッシェンド読みのあとは、デクレッシェンド読みです。声が小さくなります。一行目を二人で、二行目は一人で読みます。席がとなりどうしでやってみましょう。

〈読み方例〉

AB　さんこう
B　とぼく
AB　とおくかんざんをのぼれば
B　せっけいいななめなり
AB　はくうんしょうずるところ
B　じんかあり
AB　くるまをとめてそぞろにあいす
B　ふうりんのくれ
AB　そうようは
B　にがつのはなよりもくれないなり
AB　パン！（手拍子）

Bは全文読むことになります。Aは、一行目を読んだあと、二行目を休みます。そして、また次の行を読んで、その次を休む、というようにまちがえないようにしましょう。二人の呼吸を合わせて読んでみましょう。一日おきにAとBを交代してもよいでしょう。

十月 枕草子《まくらのそうし》・清少納言《せいしょうなごん》

かみはかぜにふきよわされて、
すこしうちふくだみたるが、
かたにかかれるほど、
まことにめでたし。
ものあわれなるけしきに、
みいだして、「むべやまかぜを」
などといいたる。

髪は風に吹きまよはされて、
すこしうちふくだみたるが、
肩にかかれるほど、
まことにめでたし。
物あはれなるけしきに、
見出だして、「むべ山風を」
などと言ひたる・・・

あらしのせいでよくねむれずに、へやからでて、かぜにかみのけをふくらませみだれさせているのはすてき。「むべやまかぜ」とは、「ふくからにあきのくさきのしをるればむべやまかぜをあらしといふらむ」という百人一首（ひゃくにんいっしゅ）のひとつ。少納言さんが、たいふうのつぎの日のようすをながめる女の人をかんさつしてかいた文だそうです。

読み方 ④リバー読み

「枕草子」にも、だいぶ慣れてきたころかと思います。この辺でまたみんなで声をそろえてみましょう。一列ごとに読んでいきます。一列で声がそろってきたら、二列いっしょにやってみるのもよいでしょう。

〈読み方例①〉
列1　かみはかぜにふきよわされて
列2　すこしうちふくだみたるが、
列3　かたにかかれるほど、
列4　まことにめでたし。
列5　ものあわれなるけしきに、
列1　みいだして、
列2　むべやまかぜを
列3　などといいたる。
全員　パン！（手拍子）

〈読み方例②〉
列12　かみはかぜにふきよわされて
列34　すこしうちふくだみたるが、
列56　かたにかかれるほど、
列12　まことにめでたし。

クラス全員で音読の声をそろえていくことのよさは、いろいろとあるかと思いますが、日に日に聞こえ方がちがうのがわかってくることもあります。子どもたちが、そう実感できるようになるとよいですね。

《学級活動であそぼ》

11月 世界が人権を考えるとき！

～友だちのよいところを見つけよう！

●12月10日を「人権デー」。4日から10日を「人権週間」とされています。「思いやりの心」や「かけがえのない命」について、考えてみましょう。

★身近にいる人に対して、日ごろ何気なく過ごしてることが多いと思います。友だちや家族への感謝の気持ちをポエムにしてみてはどうでしょう。五七五でもよいですし、それにこだわる必要もありません。「人権標語」なんていう言い方もありますが、そんなに大それたことでなくても大丈夫。今生きていることは、それだけでもすばらしいこと。自分の命についても考えられるチャンスになるとよいでしょう。

【目安の学習時間】 40分
【準備するもの】 ●ワークシート　●廊下（教室）掲示するための用紙

①「命」という言葉から、どのようなことが思い浮かぶか自由に発表する。

T 「命」ってどのようなものだと思いますか。
C 大切なもの　C 一人に一つしかないもの
C かけがえのないもの　C なくなったら死んでしまう
T では、「友だち」というと、どんなことが思い浮かびますか。
C 大切なもの　C なくてはならないもの
C いっしょにいると楽しい　C いないとさびしい

②ポエムを書くためのキーワードを集める。

T 「友だち」「家族」「命」から、思い浮かぶ言葉を自由に言ってみましょう。
C たからもの　C えがお　C よろこび　C 財産
C やすらぎ　C 安心　C あくしゅ　C きずな
★子どもたちの自由な発想を大切にしましょう。
★黒板のまん中に「友だち」と書いて、イメージマップを作って、思いついた言葉をまわりにどんどん書いていきます。また、似た言葉があれば、線でつなげていきましょう。

③ポエムを書く。

T 自分が考えたことと友だちが考えたことを使って、ポエムを書いてみましょう。

作品例　命は大切　あたりまえ
一人に一つしかない　それもわかってる
自分の命も　友だちの命も
この世に一つしかない　たからもの

④できた作品をみんなで声をそろえて読む。

11月 世界が人権を考えるとき！

～友だちのよいところを見つけよう！

年　　組　　名前

①「家族」「友だち」「命」から一つ選び、その言葉から思いうかぶことを自由に書いてみましょう。○の中に言葉を入れて。

②ポエムを書くために必要な言葉をさがそう。友だちの発言や黒板に書かれたことを使ってもよい。

③ポエムを書こう。グループで一つのポエムにしてもよい。

読み方例　⑮サークル読み

作品例

A　命は大切
B　あたりまえ
C　一人に一つしかない
D　それもわかってる
A　自分の命も
B　友だちの命も
C　この世に一つしかない
D　たからもの
四人　パン！（手拍子）

★一人一人の思いを集めて、グループで一つのポエムにまとめてみましょう。

ことばのこばこ

あさはげんきにおは**よう**
ようきなあいさつできる**かな**
かなでるおんがくあさの**うた**
うたえばこころもほっか**ほか**
ほかほかからだもあった**まる**
まるでまほうにかかったみ**たい**
たいいくのじゅぎょうの**とき**
ときどきかんじるようなき**ぶん**
ぶんすうのけいさんできるで**しょ**
しょうりをめざしてがんばろう

小学生がかいたポエムです。どんなポエムかわかりますか。そうです。一ぎょうのさいごのことばが、つぎの行のさいしょのことばになっています。しりとりポエムといってもよいかもしれません。これをグループごとにやってみましょう。

ワークシート例

ことばのこばこ										

読み方⑩リレー読み

自分が書いた行を読んでいくリレー読みでいきましょう。必ずしも順番とはなっていないのもおもしろいでしょう。

途切れずに最後までよどみなく進むようになるとよいですね。

〈読み方例〉

リーダー　ことばのこばこ
A　あさはげんきにおはよう
B　ようきなあいさつできるかな
C　かなでるおんがくあさのうた
D　うたえばこころもほっかほか
E　ほかほかからだもあったまる
F　まるでまほうにかかったみたい
G　たいいくのじゅぎょうのとき
H　ときどきかんじるようなきぶん
I　ぶんすうのけいさんできるでしょ
J　しょうりをめざしてがんばろう
全員　パン！（手拍子）

《季題シート》

十一月の季題

冬の朝《ふゆのあさ》

冬日和《ふゆびより》　初しも《はつしも》　もみじ

落葉《おちば》　枯葉《かれは》　かかし

どんぐり　すすき　やきいも

ぶどう　りんご　れもん

修学旅行《しゅうがくりょこう》　おまつり　七五三《しちごさん》

★1つのはいくに1つのきごをいれましょう！

冬《ふゆ》もそこまで来《き》ているようです。マラソンをがんばっている人《ひと》もいるかもしれません。カゼをひかないように、今《いま》のうちに体《からだ》をきたえておきましょう。

作品例

あいさつでさむさをとばせ**冬の朝**　4年

やきいもを二人でわけてえがお二こ　1年

農作物敵から守る**かかし**かな　6年

いつまでも忘れられない**修学旅行**　6年

りんごがりしゅうかくしたら丸かじり　2年

口の中ぷちぷちはじける**ぶどう**かな　4年

大きさを比べて遊ぶ**どんぐり**だ　5年

七五三わたしは長生きできるはず　2年

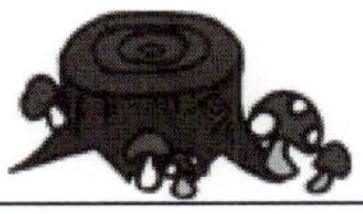

はいくきょうしつ　おだい「ふゆびより」

おだやかにはれたふゆの日のことです。

きょうこそは　テニスかてそう　ふゆびより（1年）

いつの日か　空とんでみたい　ふゆびより（5年）をおてほんにして、

やってみたいこと、うれしかったこと、できたこと、きれいにみえたことなどを12おんでひだりにかいてみましょう。←

5	7	5
		ふゆびより

小学校

年　　組

ふりがな

十一月の句

ねこのかお　にこにこしてる　ふゆびより

ねこの顔にこにこしてる冬日より・4年

はやおきし　しんこきゅうする　ふゆのあさ

早おきししんこきゅうする冬のあさ・2年

こうえんの　おちばあつめて　だいジャンプ

公園のおちばあつめて大ジャンプ・2年

しちごさん　かぞくでいのる　しあわせを

七五三家ぞくでいのる幸せを・4年

もういっこ　てがとまらない　ぶどうかな

もう一こ手が止まらないぶどうかな・3年

読み方 ⑤ウェイブ読み

十一月に入ると、だいぶ寒くなりますが、そんな時こそ、音読の元気な声で教室に活力を生み出していきましょう。リバー読みとはちがって、横の列ごとに読んでいく方法です。後ろの列からだんだんに声が近づいてくるので、波が押し寄せてくる感じを体感させてみてください。

子どもA　十一月の句

列1（いちばん後ろ）　ねこの顔にこにこしてる冬日より

全員　パン！（手拍子）

列2（後ろから二番め）　早おきししんこきゅうする冬のあさ

全員　パン！（手拍子）

列3（後ろから三番め）　公園のおちばあつめて大ジャンプ

全員　パン！（手拍子）

列4（後ろから四番め）　七五三家ぞくでいのる幸せを

全員　パン！（手拍子）

列5（いちばん前）　もう一こ手が止まらないぶどうかな

全員　パン！（手拍子）

五句めには、いちばん前の列の子になるよう調節しましょう。一人を前に立たせて、波が押し寄せてくるのを感じさせましょう。

友だちとおしくらまんじゅう冬日和5年

ともだちと　おしくらまんじゅう　**ふゆびより**

友だちとどんぐりごまで対決だ4年

ともだちと　**どんぐり**ごまで　たいけつだ

きものきてすましてあるく七五三1年

きものきて　すましてあるく　**しちごさん**

絵のような色とりどりのもみじの葉3年

えのような　いろとりどりの　**もみじ**のは

大すきなまっかなりんごかぶりつく2年

だいすきな　まっかな**りんご**　かぶりつく

十一月の句　正岡子規

信濃路やどこ迄つづく秋の山

しなのじや　どこまでつづく　あきのやま

いたづらな子は寐入けり秋のくれ

いたずらな　こはねいりけり　あきのくれ

赤蜻蛉筑波に雲もなかりけり

あかとんぼ　つくばにくもも　なかりけり

滝の音のいろいろになる夜長哉

たきのねの　いろいろになる　よながかな

柿くへば鐘が鳴るなり法隆寺

かきくえば　かねがなるなり　ほうりゅうじ

十一月 松陰先生《しょういんせんせい》のことば・八

ひとのせいしんは　めにあり
ゆえにひとをみるは　めにおいてす
きょうちゅうのせいふせいは
ぼうしのりょうぼうにあり

《松陰先生の言葉》

人の精神は目にあり
故に人を観るは目においてす
胸中の正不正は眸子の瞭ぼうにあり

松陰先生はいいました。
その人がよい人なのかをはんだんするには、めをみつめて、そのひとみにちゅういすることだ。人のこころにわるいことがあれば、ひとみはかくすことができない。ただしければ、しぜんにひとみもはっきりしていると。

読み方 ⑤ウェイブ読み

十一月のウェイブ読みは、机の横並びの一列ごとに前に向かって読み進めます。できれば、四つに分けられるとよいでしょう。最後にいちばん前の列で終われるようにしましょう。前に一人子どもを立たせて、波が寄せてくる感じを味あわせてみるのもよいと思います。

〈読み方例〉
リーダー　パン！（手拍子）
列1（いちばん後ろ）
　しょういんせんせいのことば　エイト
列2（後ろから二番め）
　ひとのせいしんは めにあり
列3（後ろから三番め）
　ゆえにひとをみるは めにおいてす
列4（後ろから四番め）
　きょうちゅうのせいふせいは
列5（いちばん前）
　ぼうしのりょうぼうにあり
全員　パン！（手拍子）

手拍子で始まり、手拍子で終わる、という読み方です。この時期までくると、クラスの読み方にも独特のリズムが生まれているはず。また、読む速さも確定してくるころです。手拍子も一つにパン！と決まるとよいでしょう。

十一月　論語《ろんご》・孔子《こうし》

子《し》曰《いわ》く

①われ じゅうゆうごにして　がくにこころざす。
さんじゅうにしてたつ。

しじゅうにしてまどわず。

ごじゅうにしててんめいをしる。

②ゆうにして れいなければ　すなわちみだる。

③かのひとはいわず。
いえば かならず あたることあり。

④すぎたるは なお　およばざるがごとし。

①**吾れ十有五にして学に志す。**
三十にして立つ。

四十にして惑わず。

五十にして天命を知る。

わたしは、十五さいでがくもんをこころざし、三十さいになってどくりつし、四十さいになっていろいろとまよわなくなり、五十さいになってしめいがりかいできた。

②**勇にして礼なければ則ち乱る**
いくらいさましくても、れいぎただしくないとただのらんぼうものである。

③**夫の人は言わず。言えば必ず中ること有り。**
あの人はあまりしゃべらないが、いうことはかならずあたっている。

④**過ぎたるは猶お及ばざるがごとし**
やりすぎるのは、たりないとおなじくらいよくない。

読み方 ⑤ウェイブ読み

ウェイブは波。リバー読みの横バージョンといった感じです。横の列を一つのグループにして読み進めます。列の長さにもよりますが、次のように読んでみましょう。

〈読み方例〉
リーダー　ろんご　じゅういちがつ　こうし
列1（いちばん後ろ）　し　いわく
列2（後ろから二番め）
われ じゅうゆうごにして　がくにこころざす
列3（後ろから三番め）　さんじゅうにしてたつ
列4（後ろから四番め）　しじゅうにしてまどわず
列5（いちばん前）　ごじゅうにしててんめいをしる
列1（いちばん後ろ）
ゆうにして れいなければ　すなわちみだる
列2（後ろから二番め）
われ じゅうゆうごにして　がくにこころざす
列3（後ろから三番め）　さんじゅうにしてたつ
列4（後ろから四番め）　しじゅうにしてまどわず
列5（いちばん前）　かのひとはいわず
列1（いちばん後ろ）　いえば かならず あたることあり
列2（後ろから二番め）
すぎたるは なお　およばざるがごとし

波ですから、寄せては返すという感じを演出するのがよいかと思います。まずは先生が前に立って、波が寄せては返すのを子どもたちの声で感じてください。そのあとは、子どもたちを一日交代で立たせるのもよいでしょう。

《漢詩とあそぼ》

十一月

磧中《せきちゅう》の作《さく》・岑参《しんじん》

うまをはしらせて
せいらい
てんにいたらんとほっす
走馬西来欲到天

いえをじしてより
つきのりょうかい
まどかなるをみる
辞家見月両回円

こんやはしらず
いずれのところに
やどるかを
今夜不知何処宿

へいさ ばんり
じんえいをたつ
平沙万里絶人烟

さばくの中でのさくである。うまをはしらせてにしへにしへと、空にまでいきつくかのようだ。いえをでてから、月がまるくなるのをもう二かいも見た。こんやは、どこにやどをとることになるだろう。見わたすかぎりのたいらなさばくに、人のいえのけむりはどこにも見えない。

読み方 ⑥クレッシェンド読み（トリオ）

九月にペアで行ったクレッシェンド読みをトリオ（三人）でいきましょう。だんだんに声を重ねていく読み方で、二人よりも大きく聞こえれば成功です。

〈読み方例〉

A　せきちゅうのさく
AB　しんじん
A　うまをはしらせて
AB　せいらい
ABC　てんにいたらんとほっす
A　いえをじしてより
AB　つきのりょうかい
ABC　まどかなるをみる
A　こんやはしらず
AB　いずれのところにやどるかを
A　へいさ
AB　ばんり
ABC　じんえいをたつ
ABC　パン！（手拍子）

二行のところはCの子が休むようになっていますが、ABとなっているのをABCが読むようにしてもよいでしょう。三人ひと組で楽しく読めれば成功。声が大きくなったと感じたら大成功です。ABCの役割を一日ごとに変えるとよいでしょう。

《枕草子とあそぼ》

十一月 枕草子《まくらのそうし》・清少納言《せいしょうなごん》

たとしえなきもの
なつと　ふゆと。
よると　ひると。
あめふるひと　てるひと。
ひとのわらうと　はらたつと。
おいたると　わかきと。

たとしへなきもの　夏と冬と。
夜と昼と。
雨降る日と照る日と。
人の笑ふと腹立つと。
老いたると若きと。

くらべられないほどちがうもの。なつとふゆと。よるとひると。あめがふる日とはれの日と。人がわらうのとはらを立てるのと。年をとっているのとわかいのと。少納言さんは、人はもっとかわるとかんじていました。見た目がかわるのよりも、きもちがかわるだけで、がらりとかわってしまったとかんじてしまう。なんておもしろいのでしょうと。

読み方 ⑨エコー読み

ふたつのものを比べている文があったら、迷わずエコー読み。窓側と廊下側に分かれて、こだまが返るように読んでいきます。リーダーに活躍してもらいましょう。

〈読み方例〉

リーダー　まくらのそうし
窓側　じゅういちがつ
廊下側　せいしょうなごん
リーダー　たとしえなきもの
窓側　なつと
廊下側　ふゆと
リーダー　たとしえなきもの
窓側　よると
廊下側　ひると
リーダー　たとしえなきもの
窓側　あめふるひと
廊下側　てるひと
リーダー　たとしえなきもの
窓側　ひとのわらうと
廊下側　はらたつと
リーダー　たとしえなきもの
窓側　おいたると
廊下側　わかきと
全員　パン！（手拍子）

こういうふうに、くり返しを使う音読もあってよいのではないでしょうか。リーダーを週替わりにしてもよいでしょう。

11月 枕草子

《学級活動であそぼ》

12月 がんばった一年！

～クラスの流行語大賞を決めよう！

●12月になるとテレビなどでも話題となる流行語大賞。これを、クラスでやってみるのはどうでしょう。今年の重大（10大）ニュースにしてもよいでしょう。

★4月に出会ってから半年以上たちました。これまでにいろいろなことがあったことでしょう。運動会。校外学習。友だちや先生の名言・迷言。給食でおいしかったもの。クラスで流行したこと。そのほか世の中で起こったことで印象に残ったこと。ちょっとしたことでもよいですから、みんなで一つのポエムにしてみましょう。

【目安の学習時間】 40分

【準備するもの】 ●ワークシート　●廊下（教室）掲示するための用紙

①今年の学校でのできごとで印象に残っているものを発表し合う。

T　今年、学校でのできごとで印象に残っているものはなんですか。

C　運動会の徒競走で一位になった　C　算数のテストで百点とった

C　毎日給食を残さなかった　C　一日も学校を休まなかった

C　○○先生と楽しくすごした　C　台風で休校になった

②今年の学校以外のできごとで印象に残っているものを発表し合う。

T　では、今年、学校以外ではどんなことがありましたか。家でのことでもよいですし、世の中のことでもよいですから、思いつくことを出し合いましょう。

C　ラグビーワールドカップが盛り上がった　C　妹が生まれた

C　ジャイアンツが六年ぶりに優勝した　C　カブトムシが卵からかえった

C　令和時代に入った　C　サッカーを習い始めた

③今年のできごとをならべて一つのポエムにしてみましょう。

作品例

令和元年（タイトル）
台風がすごかった　停電はつらかった
休校にもなった　水も出なかった
ジャイアンツが優勝した　原監督が泣いていた
阿部選手が引退した
ラグビーを始めてテレビで見た
日本が勝つとうれしかった
日本中で大盛り上がりだった
よいことも　いやなこともあった　2019年

④できた作品をみんなで声をそろえて読む。

12月 がんばった一年！

～クラスの流行語大賞を決めよう！

年　組　名前

①今年、学校でのできごとで心にのこっていることを書きましょう。

②学校以外のできごとで心にのこっていることを書きましょう。

読み方例　⑮サークル読み

作品例

リーダー　パン！（手拍子）
A　令和時代に入った
B　運動会
C　令和初勝利は白組
D　クラス代表として走った
A　紅白リレー
B　必死でがんばった
C　組体操
D　六年ぶりに優勝した
A　ジャイアンツ
B　盛り上がった
C　ラグビーワールドカップ
D　カブトムシが卵からかえった
A　妹が生まれた
B　サッカーを習い始めた
C　いろいろあった2019年
D　がんばった一年
A　いろいろな人に
B　ありがとう
四人　パン！（手拍子）

★グループごとに一つのポエムにまとめ、グループごとにできたポエムを読んでみましょう。

メモ

はいくであそぼ⑨ クリスマス・小春

おだい

「小春《こはる》」

「ひゃくてんの テストほめられ こはるかな」
「せいせきが あがったきがする こはるかな」
「きゅうしょくを いっぱいたべて こはるかな」をおてほんにして、
こはるの日に**よいことがあったことやうれしかったこと**などをかいてみましょう。

「こはる」とは、ふゆなのにはるのようなあたたかい日のこと。

5	7	こはるかな

小学校	ねん くみ	なまえ

クリスマス	サンタにたのむ	5

まるまるはいく「クリスマス サンタにたのむ やさしさを」
クリスマス サンタにたのむ ○○○○○
○のところをかいてみましょう。

ワンポイントアドバイス！
・クリスマスがちかづいてきました。ことしは、サンタさんのプレゼントになにをたのみますか。ほしいもの、ねがいごと、ひつようなものなどをかきましょう。

はいくであそぼ⑩ 冬の朝・書初め

おだい

「書初め《かきぞめ》」

「書初めが まいとしうまく なっている」「書初めで ふでをもつてに あせにぎる」
「書初めは きれいにかいて つよくかく」をおてほんにして、
書初めを書くときにかんじたことをかいてみましょう。

書初め ◯	7	5

小学校	ねん くみ	なまえ

ふゆのあさ	きこえてきたよ	5

まるまるはいく「冬の朝 聞こえてきたよ トントンと」
ふゆのあさ きこえてきたよ ○○○○○
○のところをかいてみましょう。

ワンポイントアドバイス！
・ふゆのあさにきこえるおとって、なんだろう。はるなら「とりのこえ」かな。ゆきをふむ「キュッキュ」おゆがわくおと、おきるときにみみをすましてみよう。

《季題シート》

十二月の季題

小春日《こはるび》　ゆず湯《ゆ》　北風《きたかぜ》
おでん　日向《ひなた》ぼこ　白鳥《はくちょう》
大根《だいこん》　悴《かじか》む　手袋《てぶくろ》
みかん　冬眠《とうみん》　マフラー
こたつ　ふとん　セーター
クリスマス　サンタクロース　冬休《ふゆやす》み

★1つのはいくに1つのきごをいれましょう！

十二月《じゅうにがつ》を「師走《しわす》」というのは、「師《し》（先生《せんせい》）」が走《はし》り回《まわ》るくらい忙《いそが》しい月《つき》というふうに言《い》われていますが、一年《いちねん》の終《お》わりの物事《ものごと》をなし終《お》えるという意味《いみ》の「為果《しは》つ月《つき》」というのが、実《じつ》は本当《ほんとう》のようです。一年間《いちねんかん》をふりかえって、一句《いっく》詠《よ》んでみましょう。

はいくきょうしつ　おだい「こはる」

あきのおわりからふゆのはじめのあたたかい日のことです。

立ち話止まらなくなる小春かな（5年）
新しい友だちできた小春かな（4年）をおてほんにして、
①あったかくなってしたこと
②うれしかったことやたのしかったことを12おんでひだりにかいてみましょう。←

5	7	5
		こはるかな

小学校
年　組
ふりがな

作品例

飾り付け心もおどる**クリスマス**　5年
がんばれば**サンタクロース**来るからね　2年
白鳥がキラキラおどる水の上　3年
北風よふくふくなといのる日々　6年
手袋にあながあくまで使用した　5年
入ったら出るまで長い**こたつ**かな　6年
みかん食べ気づいた時には三個目だ　6年
やさしさは**おでん**といっしょぽっかぽか　5年
できるかな目標を立て**冬休み**　4年

日本学校俳句研究会　http://gakkohaiku.sitemix.jp/

十二月の句

グランドに　えがおがうかぶ　こはるかな

グランドに笑顔がうかぶ小春かな・6年 将希

きたかぜと　ともだちになる　そとあそび

北風と友だちになる外あそび・2年 彩子

はくちょうが　キラキラおどる　みずのうえ

白鳥がキラキラおどる水の上・3年 芽依

あったかい　かぞくのえがお　おでんかな

あったかい家族の笑顔おでんかな・5年 乃愛

やさしさが　まちにうかんだ　クリスマス

やさしさが町にうかんだクリスマス・5年 莉音

読み方⑭トライアングル読み

九月の「言葉であそぼ」のコーナーで行ったトライアングル読みを少し変えてやってみましょう。教室を机の並びで三つに分けてみましょう。例えば六列あれば、二列ずつ三つに分けます。

子どもA　十二月の句
列1（ろうか側二列）　グランドに
列2（まん中の二列）　笑顔がうかぶ
列3（まど側の二列）　小春かな
全員　パン！（手拍子）
列1（ろうか側二列）　北風と
列2（まん中の二列）　友だちになる
列3（まど側の二列）　外あそび
全員　パン！（手拍子）
列1（ろうか側二列）　白鳥が
列2（まん中の二列）　キラキラおどる
列3（まど側の二列）　水の上
全員　パン！（手拍子）

人数にばらつきがあっても、かえっておもしろくなります。五列を一列二列二列、六列を一列二列三列に分けてもよいでしょう。

かえりみち　うでまくりする　**こはる**かな

帰り道うでまくりする小春かな5年 優人

きたかぜに　まけてたまるか　おにごっこ

きたかぜにまけてたまるかおにごっこ1年 明紀子

なべのなか　**おでん**ぎっしり　つまってる

なべのなかおでんぎっしりつまってる2年 すみか

みかんたべ　あしたにむけて　じゅんびする

みかん食べ明日に向けて準備する6年 拓史

クリスマス　ずっとこどもの　ままがいい

クリスマスずっと子どものままがいい3年 太飛

十二月の句　与謝蕪村

しぐるるや　ねずみのわたる　ことのうえ

しぐるゝや鼠のわたる琴の上

こがらしや　かねにこいしを　ふきあてる

木枯や鐘に小石を吹あてる

ふゆごもり　こころのおくの　よしのやま

冬ごもり心の奥のよしの山

としひとつ　つもるやゆきの　こまちでら

としひとつ積るや雪の小町寺

やみのよに　おわるこよみの　ひょうしかな

闇の夜に終る暦の表紙かな

十二月 松陰《しょういん》先生《せんせい》のことば・九

《松陰先生の言葉》

おやおもうこころに
まさるおやごころ
きょうのおとずれ
なんときくらん

親思ふこころにまさる親ごころ
けふの音づれ何ときくらん

松陰先生はいいました。
子どもがおやをおもうきもちよりも、
おやが子をあいするおやごころのほうがまさる。

読み方 ⑭トライアングル読み

三人で読みます。立って向かい合います。三回読むと、全員がひと通り読むことになります。最後に全員で、手拍子を入れて終わります。

〈読み方例〉

A　おやおもうこころに（一回目）
B　まさるおやごころ
C　きょうのおとずれ
A　なんときくらん
B　おやおもうこころに（二回目）
C　まさるおやごころ
A　きょうのおとずれ
B　なんときくらん
C　おやおもうこころに（三回目）
A　まさるおやごころ
B　きょうのおとずれ
C　なんときくらん
ABC　パン！（手拍子）

初めのうちは、三人組でそれぞれで読むようにして、慣れてきたら、リーダーの、「しょういんせんせいのことば　ナイン」を合図に、同時に読むようにしましょう。教室の三つの角にＡＢＣをそれぞれ集めて読むのもよいでしょう。

十二月　論語《ろんご》・孔子《こうし》

子《し》　曰《いわく》く

①ことをさきにして　うることをのちにする

②くんしはじょうたつす。しょうじんはかたつす

③こうげんれいしょく、すくなしじん

④くんしはあらそうところなし

⑤あしたにみちをききては、ゆうべにしすともかなり

①事を先にして得ることを後にする
しごとをさきにやって、りえきはあとまわしにする。

②君子は上達す。小人は下達す
りっぱな人はよいことにくわしくて、だめな人はくだらないことにくわしい。

③巧言令色、鮮なし仁
口がうまくてがいけんがいい人は、まごころが少ない。

④君子は争う所なし
りっぱな人はどんなことにもあらそわない。

⑤朝に道を聞きては、夕べに死すとも可なり
あさ、いきるべきみちをきくことができたら、そのひのばんにしんでもかまわない。

読み方⑭トライアングル読み

トライアングルとは、三角です。三人で順番に読みます。一つ終わるごとに手拍子を入れますので、順番によっては、手拍子が多くなる人もいるかもしれません。

〈読み方例〉

A ろんご　じゅうにがつ　こうし
B し　いわく
C ことをさきにして
A うることをのちにする
B パン！（手拍子）
C くんしはじょうたつす
A しょうじんはかたつす
B パン！（手拍子）
C こうげんれいしょく
A すくなしじん
B パン！（手拍子）
C くんしはあらそうところなし
A パン！（手拍子）
B あしたにみちをききては
C ゆうべにしすともかなり
全員 パン！（手拍子）

まずは、三人組を作って、三人で向かい合う体勢で読んでみましょう。一日ごとにABCの役割をローテーションしていくのもよいでしょう。三日で全文を読むことになります。

十二月

芙蓉楼《ふようろう》にて辛漸《しんぜん》を送《おく》る・王昌齢《おうしょうれい》

《漢詩とあそぼ》

かんう
こうにつらなって
よるごにはいる
寒雨連江夜入呉

へいめい
かくをおくれば
そざん こなり
平明送客楚山孤

らくようの
しんゆう
もし あいとわば
洛陽親友如相問

いっぺんのひょうしん
ぎょく
こにあり
一片氷心在玉壺

つめたいあめが、川にふっている中、きのうのよる、わたしたちは「ご」というまちに入ってきた。あけがた、きみを見おくると、あさもやの中に、「そ」の山がぽつんと一つ見える。らくようについて、ともだちがもしわたしのことをたずねたら、つたえてくれわたしは、たまのつぼの中に一つのこおりのようなすみきったこころでいると。

読み方 ⑦デクレッシェンド読み（トリオ）

トリオによるデクレッシェンド読みです。だんだんに声を小さくしていく読み方です。

〈読み方例〉

ABC　ふようろうにて
AB　しんぜんをおくる
A　おうしょうれい
ABC　かんう
AB　こうにつらなって
A　よるごにはいる
ABC　へいめい
AB　かくをおくれば
A　そざん こなり
ABC　らくようの
AB　しんゆう
A　もし あいとわば
ABC　いっぺんのひょうしん
AB　ぎょく
A　こにあり
ABC　パン！（手拍子）

まずは、三人組を作って、三人で向かい合う体勢で読んでみましょう。楽しく読むのが一番、声が小さくなったと感じるのは、その次でかまいません。

十二月

枕草子《まくらのそうし》・清少納言《せいしょうなごん》

ほしは すばる。
ひこぼし。
ゆうづつ。
よばいほし すこしおかし。
おだになからましかば、
まいて。

星はすばる。　彦星。夕づつ。
よばひ星すこしをかし。
尾だになからましかば、
まいて。

「すばる」ってきいたことあるよね。もともと「統ばる」とかいて、きれいなものを一つにまとめるといういみ。おうしざのちかくに見えるほしのあつまりで、プレアデス星団（せいだん）といいます。

千年いじょうもまえに、少納言さんもおなじほしを見上げていたなんて、なんだかすてきですね。

読み方⑥クレッシェンド読み（ペア）

二人ひと組で、読むのですが、ペア読みとちがうのは、声を重ねていくところです。少しですが、二行目は一行目よりも大きくなります。

〈読み方例〉

A　まくらのそうし　じゅうにがつ
AB　せいしょうなごん
A　ほしは
AB　すばる
A　ほしは
AB　ひこぼし
A　ほしは
AB　ゆうづつ
A　よばいほし
AB　すこしおかし
A　おだになからましかば
AB　まいて
AB　パン！（手拍子）

読み方は、一つではありません。二つの読み方をミックスすることもできます。子どもたちが読んでいるのを聞いて、先生が少しアレンジを加えていくことを提案してみるのはどうでしょうか。あくまでも子どもたちが主役ですから、子どもたちが楽しく読めるよう導いてあげてください。

《学級活動であそぼ》

1月 今年のマニフェスト！

～自分の公約をポエムにして声に出そう！

●マニフェストとは、公約のこと。有言実行。言ってしまってから、それに向かってそれぞれにがんばる。実行できなくても責任はありませんから、気楽にいきましょう。

★年の初めは、やはり何か目標をもちたいものです。大きなものではなくとも、毎日、必ずやることを決めるなど。例えば、二重とび○回とか、逆上がりができるとか、授業中に手をあげるとか。毎日授業中に一回は手をあげるようにするなど。

【目安の学習時間】 40分

【準備するもの】 ●ワークシート　●短冊（一行書けたら黒板に貼る）

①今年一年をどんな年にしたいか考える。

T　今年どんなことをがんばりたいですか。どんなことができるようになりたいですか。

C　算数をがんばりたい　C　二重とびができるようになりたい

C　たくさん本を読みたい　C　足が速くなりたい

C　友だちと仲よくしたい　C　学校を休まない

C　サッカーでいっぱいゴールを決めたい

★ポエムというと、きれいな言葉やかっこいいことを書かなくてはいけない、と思っている子も多いが、そんなことはないということを伝えたい。

★一人でいくつも書いてもよいが、グループごとに一つにまとめてもよい。日がわりで一つのグループの作品を全員で声をそろえてみましょう。

★共通した部分があれば、作品にタイトルをつけたり、一行書き加えたりするのもよいでしょう。

②できた作品をグループごとに発表する。

作品例

がんばろう（タイトル）

算数をがんばろう

体育をがんばろう

友だちと仲よくしよう

サッカーでいっぱいゴールを決めよう

二重とびの練習をしよう

みんながんばろう２０２０年！

④できた作品をみんなで声をそろえて読む。

1月 今年のマニフェスト！
～自分の公約をポエムにして声に出そう！

年　　組　　名前

①この一年でがんばったことやできるようになったことをたくさん書きましょう。

②がんばったことやできるようになったことをグループでまとめて、一つのポエムにしてみましょう。

メモ

作品例

がんばろう（タイトル）
算数をがんばろう
体育をがんばろう
友だちと仲よくしよう
サッカーで
いっぱいゴールを決めよう
二重とびができるよう
練習をしよう
みんながんばろう
2020年！

読み方　⑥クレッシェンド読み

リーダー　がんばろう
A　算数を
AB　がんばろう
A　体育を
AB　がんばろう
A　友だちと
AB　仲よくしよう
A　サッカーで
AB　いっぱいゴールを決めよう
A　二重とびができるよう
AB　練習をしよう
A　みんながんばろう
AB　2020年！
全員　パン！（手拍子）

《言葉であそぼ》

1月
言葉

いきものあいうえお

あ
ありさん　あついよ
あさから　あちこち
あるくよ　あちこちへ
あまいもの　あつめるよ
い
いなごが　いるよ
いなかに　いるよ
いっぱい　いるよ
いつでも　いねに

50おんぜんぶでできるかもしれません。「あ」がつくいきものをきめたら、さいしょのことばをぜんぶ「あ」にします。「あ」ではじまる文にして、おもいつくままにかいてみましょう。一人でかけるのもよいですが、グループでかんがえて、一つのポエムにしていくのがよいでしょう。

たとえば、「うさぎ」「えび」「おおかみ」なんていうのがありますね。一ぎょうのもじのかずはあまりこだわらなくてよいでしょう。グループでちえをだしあって、どうしてもおもいつかないばあいは、ずかんを見るのもよしとしましょう。

ワークシート例

いきものあいうえお

あ	あ	あ	あ	あ					
	あ	あ	あ	あ					

読み方⑫リズム読み

最初の文字をリーダーが合い言葉のように読んだら、そのあとを全員で読むフォルテ読みでいきましょう。

〈読み方例〉

リーダー　あ
全員　ありさん　あがつく　あいうえお
全員　あさから　あちこち　あるいては
全員　あまいもの　あまいもの
あつめます
リーダー　い
全員　いなごが　いるよ
全員　いなかへ　いけば
全員　いっぱい　いっぱい
全員　いまでも　いねに

★グループごとに自分たちが書いたポエムを読んで、リレーするようにしていくとよいでしょう。あいうえお、の順にできなくてもよしとしましょう。

《季題シート》

一月・冬休みの季題

大《おお》みそか　除夜の鐘《じょやのかね》　初夢《はつゆめ》
年賀状《ねんがじょう》　初もうで《はつもうで》　書初め《かきぞめ》
おせち　お年玉《おとしだま》　たこあげ
おぞうに　こま　スケート
おもち　スキー　風邪《かぜ》
雪《ゆき》　雪だるま《ゆきだるま》

★1つのはいくに1つのきごをいれましょう！

冬休《ふゆやす》みには、楽《たの》しいことがいっぱいですね。クリスマス。大《おお》みそか。そしてお正月《しょうがつ》。おいしいものをたべて、お年玉《としだま》をもらって。旅行《りょこう》に行《い》ったり、スキーをしたりする人《ひと》もいるかもしれません。楽《たの》しいひとときを五七五に書《か》きとめておきましょう。

はいくきょうしつ　おだい「はつもうで」　じんじゃなどにおまいりして一年のしあわせをねがうこと。

いつまでも家族のえがお初もうで（4年）
世界中平和になってねはつもうで（3年）をおてほんにして、

①はつもうででおねがいしたこと
②ことしはこんなとしにしたい　などをおもいうかべて12もじでひだりにかいてみましょう。

5	7	5
		はつもうで

小学校

年　　組

ふりがな

作品例

なやみごとかいけつしてね**じょやのかね**　3年
うちたての**おそば**ぜっぴん大みそか　2年
初夢はみんなの思いえがいてる　4年
これからも**おもち**のように長生きを　5年
一番の**おぞうに**もちろん母の味　6年
お年玉今年がんばるエンジンだ　5年
たこあげに一年がんばるねがいかけ　3年
書初めで今年の決意表そう　5年
ふる**ゆき**にわくわくしてるまどべかな　2年

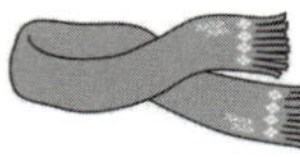

日本学校俳句研究会　http://gakkohaiku.sitemix.jp/

《俳句とあそぼ》

一月の句

いちねんの　えがおねがって　こままわす

一年のえ顔ねがってこま回す・２年　ゆめか

てぶくろで　みんなのかいわ　あたたまる

てぶくろでみんなの会話あたたまる・３年　瑛人

はつゆきだ　みんなのえがお　ふってくる

初雪だみんなの笑顔ふってくる・６年　愛華

たこあげで　みんなのえがお　あげようよ

たこあげでみんなの笑顔あげようよ・４年　咲希

かきぞめで　ふでをもつてに　あせにぎる

書初めで筆を持つ手に汗握る・６年　来依

読み方⑥クレッシェンド読み

音読をクラス全体で行うことのよさを十分に味わえる読み方です。声を重ねていって、少しずつ大きくしていくものです。初めは二列、四列、六列というように、読む人数を増やしていきます。一週間で読む列を変えるのもよいでしょう。

子どもA　一月の句
列1（ろうか側二列）【二列】　いちねんの
列12（＋まん中の二列）【四列】　えがおねがって
列123（＋まど側の二列）【六列】　こままわす
全員　パン！（手拍子）
列1（ろうか側二列）【二列】　てぶくろで
列12（＋まん中の二列）【四列】　みんなのかいわ
列123（＋まど側の二列）【六列】　あたたまる
全員　パン！（手拍子）

だんだん大きくなるのがあたりまえだと思いますが、やってみるとなかなかそうならないところがあるのが難しいところです。子どもたちが、自分たちで読んでいて、自分以外の人の声を聞くことができるようになると、さらに音読が上達していきます。「友だちの声をよく聞きながら読みましょう。」と声かけしてみてください。

たこあげで　ゆめをどんどん　そらたかく
たこあげで夢をどんどん空高く　6年 花蓮

てぶくろで　みんなのかいわ　あたたまる
てぶくろでみんなの会話あたたまる　3年 瑛人

かきぞめで　ことしのけつい　あらわそう
書初めで今年の決意表そう　5年 怜

こままわし　げんきにことし　スタートだ
こま回し元気に今年スタートだ　4年 大輝

ふるゆきに　わくわくしてる　まどべかな
ふるゆきにわくわくしてるまどべかな　2年 友利歌

一月の句　正岡子規

いくたびも　ゆきのふかさを　たずねけり
いくたびも雪の深さを尋ねけり

あさしもに　あおきものなき　こにわかな
朝霜に青き物なき小庭哉

ふゆぼたん　たのみすくなく　さきにけり
冬牡丹頼み少く咲にけり

きくかれて　かきにたびほす　ひよりかな
菊枯て垣に足袋干す日和哉

ふゆがれの　なかのにしきを　おるところ
冬枯の中の錦を織る処

《松陰先生の言葉》

一月 松陰《しょういん》先生《せんせい》のことば・十

ほうゆう あいまじるは
ぜんどうをもって
ちゅうこくすること
もとよりなり

朋友相交わるは善導をもって
忠告すること固よりなり

松陰先生はいいました。
ともだちには、まごころをもって、
よいほうへみちびくようにすすめることは
いうまでもないことである。

読み方⑥クレッシェンド読み

年が明けて、新たな気持ちで松陰先生のことばを音読すると、また気持ちが引き締まることでしょう。声を少しずつ重ねていくクレッシェンド読みです。

〈読み方例〉

リーダー　ほうゆう あいまじるは
列1（ろうか側二列）【二列】　ぜんどうをもって
列1 2（＋まん中の二列）【四列】　ちゅうこくすること
列1 2 3（＋まど側の二列）【六列】　もとよりなり
全員　パン！（手拍子）

最初のうちは、なかなか大きくなっていかないものです。毎日くり返し積み重ねていくことで、声が重なってゆき、月末のころには、心地よい響きを味わえることでしょう。忘れてはいけないのは、先生もいっしょに読むことではないかと思います。先生も読むことで、子どもたちにとって、大きな安心感を生むことになります。ぜひ、先生も子どもたちと心地よさを味わってください。

一月　論語《ろんご》・孔子《こうし》

子《し》曰《いわ》く

①いま　なんじは　かぎれり

②りによりて　おこなえば、うらみ　おおし

③くんしは　ぎにさとり、
しょうじんは　りにさとる

④われ　じんをほっすれば
ここに　じんいたる

①今女は画れり
いまあなたはじぶんでじぶんのげんかいをきめて、みきりをつけている

②利に放りて行えば、怨み多し
じぶんのりえきばかりかんがえてうごくと、たくさんの人からうらまれる

③君子は義に喩り、小人は利に喩る
りっぱな人はせいぎをたいせつにするが、小さい人はじぶんのそんとくばかりかんがえる

④我れ仁を欲すれば、斯に仁至る
じぶんから「仁（じん）」というもくひょうをもとめれば、すぐにもくひょうに手がとどいてしまう

読み方⑥クレッシェンド読み

年が明けて、今年のめあてを考える人も多いでしょう。それならば、『論語』は、きっとよい方向に導いてくれるはずです。

声を重ねていき、だんだんに大きくなっていく読み方です。この読み方で、大きくなっていくのを実感できると、子どもたちにとっても音読がより楽しく感じると思います。リバー読みと同じ列を使って、読んでみましょう。

〈読み方例〉

リーダー　ろんご　いちがつ　こうし
列1（ろうか側二列）【二列】　し　いわく
列12（＋まん中の二列）【四列】
いま　なんじは　かぎれり
列123（＋まど側の二列）【六列】
りによりて　おこなえば
列1（ろうか側二列）【二列】　うらみ　おおし
列12（＋まん中の二列）【四列】　くんしは　ぎにさとり、
列123（＋まど側の二列）【六列】
しょうじんは　りにさとる
列1（ろうか側二列）【二列】　われ　じんをほっすれば
列12（＋まん中の二列）【四列】　ここに
列123（＋まど側の二列）【六列】　じんいたる

最後の列でいちばん大きな声になるように分けるとよいでしょう。人数が多くなるので、声も大きくなると思いますが、なかなかそういかないのがむずかしいところなのです。子どもたち一人一人は一生懸命に声を出しているのですが、なかなかそうなりません。それでも、先生がリードしてがんばってください。

一月 江雪《こうせつ》・柳宗元《りゅうそうげん》

せんざん
とりとぶことたえ
千山鳥飛絶

ばんけい
じんしょうめっす
万怪人蹤滅

こしゅう
さりゅうのおう
孤舟蓑笠翁

ひとりつる
かんこうのゆき
独釣寒江雪

どの山からもとぶとりのすがたが見えなくなり、すべてのみちに人のあしあとがきえた。一そうの小ぶねにみのかさをつけたろうじんが、一人ゆきの中でつりをしている。

読み方 ⑥クレッシェンド読み

声を重ねていき、だんだんに大きくなっていく読み方です。この読み方で、他の章でもこの読み方を取り上げていますが、声が重なって、全員の声がそろうと、心地よい響きが感じられるのです。リバー読みと同じ列を使って読んでみましょう。

〈読み方例〉

リーダー パン！（手拍子）
列1 こうせつ
列12 りゅうそうげん
列123 せんざん
列1234 とりとぶことたえ
列12345 ばんけい
列123456 じんしょうめっす
列1 こしゅう
列12 さりゅうのおう
列123 ひとりつる
列1234 かんこうのゆき
全員 パン！（手拍子）

最後の列でいちばん大きな声になるように分けるとよいのですが、右の例のように、くり返すとよいでしょう。日替わりで列をずらしてゆけば、全員が全文を読むことになりますし、その中でいちばん声がそろったかということも感じられると思います。まずは、むずかしいことは考えず、やってみることです。

《枕草子とあそぼ》

一月　枕草子《まくらのそうし》・清少《せいしょう》納《な》言《ごん》

つねより
ことにきこゆるもの
しょうがつの
くるまのおと。
また、とりのこえ。
あかつきのしわぶき。
もののねはさらなり。

常よりことに聞ゆるもの
正月の車の音。
また、鳥の声。
暁のしはぶき。
物の音はさらなり。

ふだんよりとくべつなかんじにきこえるもの。お正月元日の車の音。またニワトリのなきごえ。よあけまえのせきばらい。よあけまえの音がくはいうまでもない。お正月。あたらしい年のいちばんはじめの日は、なんだかとくべつに、くうきもきらきらしてかんじられて、「よい年になりますように」といのっているようすは、ふだんとちがってとくにおもしろいわ。

読み方 ⑩ リレー読み

新しい年の始まり。清少納言さんは、どのような正月を過ごされていたのでしょうか。なんていうことを思い浮べながら、「枕草子」を読んでみるのはいかがでしょうか。少納言さんは、千年以上のちに、ご自分で書かれた文を小学生が読むことを想像されていたでしょうか。きっと空の上で喜んでくださっていることでしょう。

さあ、九月にも行ったリレー読み。今度は、サプライズでいきましょう。くじを引いて、順番を決めます。自分の順番は自分以外、だれも知らない、ということにしたらどうでしょうか。

〈読み方例〉

先生　パン！（手拍子）
1　まくらのそうし
2　いちがつ
3　せいしょうなごん
4　つねより
5　ことにきこゆるもの
6　しょうがつの
7　くるまのおと。
8　また、とりのこえ。
9　あかつきのしわぶき。
10　もののねはさらなり。
全員　パン！（手拍子）

うまく最後までたどりついたら拍手もんですね。次を読むのがだれかも知らない、前の人もわからない。少しドキドキの音読になるかもしれません。つっかえたり、とまったりしても大丈夫。楽しんで読むことが大切です。

《学級活動であそぼ》

2月 ○年生ラストスパート！

～できるようになったことをポエムにして声に出そう！

●2月ともなると、もうそろそろまとめの時期かなと感じます。一年間がんばってきて、できるようになったことやじょうずになったこともあることでしょう。

★どんな小さなことでも、自分の成長を感じられるのは、すばらしいことです。あいさつができるようになったこと。仲のよい友だちができたこと。先生に話しかけることができたこと。ドッジボールでボールをとれるようになったこと。できるようになったことをポエムにして残すことは、その時点での自分を記録することにもなりますから、とても価値のあることだと思います。そしてみんなで声に出して共有してみましょう。

【目安の学習時間】 40分
【準備するもの】 ●ワークシート

①この一年で、がんばったことやできるようになったことを思い浮かべる。

T　このクラスになって、がんばったことやできるようになったこと、うまくなったことはなんですか。

C　運動会をがんばった　　C　陸上練習をがんばった

C　音読がうまくなった　　C　二重とびができるようになった

C　友だちと仲よくできた　　C　ドッジボールのボールがとれるようになった

★発表させて、板書することで、そういうことでもいいんだ、という気持ちになれるとよいでしょう。

②ポエムを書く。

T　まずは、自分でがんばったことやできるようになったこと、うまくなったことをたくさんならべて、ポエムにしてみましょう。

★一人で書く時間を与え、一人で作品を完成させられた子については、大いに賞賛し、清書する時間を与えましょう。

T　一人では完成させられなかった人もいるので、グループで一つのポエムにまとめてみましょう。

作品例　がんばった（タイトル）

勉強も　運動も　係もがんばった
運動会も　マラソン大会も　陸上部も
みんなでいっしょに　がんばった
友だちとも仲よくできた
楽しかったな　このクラス
みんなのおかげ　ありがとう

④できた作品をみんなで声をそろえて読む。

2月 ○年生ラストスパート！

～できるようになったことをポエムにして声に出そう！

年　組　名前

①この一年でがんばったことやできるようになったことをたくさん書きましょう。

②がんばったことやできるようになったことをグループでまとめて、一つのポエムにしてみましょう。

メモ

作品例

がんばった（タイトル）
勉強も
運動も　係もがんばった
運動会も
マラソン大会も　陸上部も
みんなで
いっしょに　がんばった
友だちとも
仲よくできた
楽しかったな　このクラス
みんなのおかげ　ありがとう

読み方例　⑬キズナ読み

リーダー　がんばった
全員　勉強も
全員　運動も係もがんばった
全員　運動会も
全員　マラソン大会も陸上部も
全員　みんなで
全員　いっしょにがんばった
全員　友だちとも
全員　仲よくできた
全員　楽しかったな
全員　このクラス
全員　みんなのおかげ
全員　ありがとう
全員　パン！（手拍子）

★みんながそれぞれにがんばったことを、全員で声をそろえて読む。なんてすてきなことでしょう。クラス全体で一つになって読んでみましょう。

はいくであそぼ⑪ 鬼は外・福は内

おだい

「ふくはうち」

「りくじょうの せんしゅになるぞ ふくはうち」

「べんきょうで ひゃくてんめざす ふくはうち」をおてほんにして、

まめをまいてどんなおねがいをするかかんがえてかいてみましょう。

5	7	ふくはうち

小学校　ねん　くみ　なまえ

おにはそと	4	おにを　たいじしろ

まるまるはいく「おには外 のんびりおにを たいじしろ」

おにはそと　○○○○おにを　たいじしろ

○のところをかいてみましょう。

ワンポイントアドバイス！・2月3日はせつぶん。まめまきをして、いやなことやわるいことをおいはらう日。じぶんのなおしたいところをかんがえてかきましょう。

はいくであそぼ⑫ 卒業・春日和

おだい

「春日和《はるびより》」

「きゅうしょくを おかわりしたよ はるびより」

「はしったら 友（とも）にかったよ はるびより」をおてほんにして、

はるのはれた日に、よいことがあったことをおもいだしてかいてみましょう。

5	7	はるびより

小学校　ねん　くみ　なまえ

六年生　そつぎょうしても	5

まるまるはいく「六年生 卒業しても わすれない」

六年生　そつぎょうしても　○○○○○

○のところをかいてみましょう。

ワンポイントアドバイス！・そつぎょうしきのきせつですね。やさしかった六年生とおわかれです。いっしょにたのしくすごしたときのことをおもいだしてかいてみましょう。

2月　言葉

《季題シート》

二月の季題

節分《せつぶん》　立春《りっしゅん》
春一番《はるいちばん》　白《しろ》い息《いき》
春隣《はるとなり》　風邪《かぜ》
春《はる》を待《ま》つ　マスク
バレンタインデー
豆《まめ》まき
おには外《そと》
福《ふく》は内《うち》
恵方巻《えほうまき》
梅《うめ》
いちご

★1つのはいくに1つのきごをいれましょう！

二月三日《にがつみっか》は「節分《せつぶん》」。四日《よっか》が「立春《りっしゅん》」。もう春《はる》なんですねえ。「春《はる》は名《な》のみの風《かぜ》の寒《さむ》さや」という歌《うた》がありますが、まだまだ寒《さむ》い日《ひ》が多《おお》いのも二月《にがつ》です。豆《まめ》まきをして、自分《じぶん》の中《なか》の鬼《おに》を退治《たいじ》して春《はる》を待《ま》ちましょう。

作品例

ゆったりと読書しながら**春を待つ**　2年

春一番思わずなみだおくる会　4年

がんばった今日のごほうび**いちご**かな　5年

いえの中**バレンタイン**のいいにおい　1年

弟はやる気まんまん**おにはそと**　2年

なわとびで一級合格**ふくはうち**　4年

健康を大切にしよう**恵方巻**　5年

うめをみてかぞく四人でなわとびだ　2年

白いいき外の気温がわかります　4年

はいくきょうしつ　おだい「春となり」

はるのとなり。もうすぐはるになるといういみのきごです。

春となりみんなで友だちつくろうよ（2年）
春となりあたらしいことはじめよう（2年）のくをおてほんにして、

①いましていることやおもっていること
②はるにはこんなふうになるといいな　ということを
12おんでひだりにかいてみましょう。←

はるとなり

小学校

年　組

ふりがな

名前

日本学校俳句研究会　http://gakkohaiku.sitemix.jp/

2月　言葉

二月の句

まめまきで　ぐうたらおにを　おいはらう
豆まきでぐうたらおにをおいはらう・3年 歩夢

しろいいき　はいてさかみち　かけあがる
白い息はいて坂道かけ上がる・3年 みずき

こっそりと　さきはじめてる　うめのはな
こっそりとさき始めてる梅の花・4年 青葉

はるとなり　うみにやさしい　かぜがふく
はるとなり海にやさしい風がふく・2年 ななみ

ここちよい　かぜにゆられて　はるをまつ
ここちよい風にゆられて春を待つ・5年 悠

読み方 ⑮サークル読み

十二月の「言葉であそぼ」のコーナーで行ったサークル読みです。教室を机の並びで三つに分けてみましょう。例えば六列あれば、二列ずつ三つに分けて、一つの句を読む読み方を紹介します。

子どもA　二月の句
列1（ろうか側二列）まめまきで
列2（まん中の二列）ぐうたらおにを
列3（まど側の二列）おいはらう
列1（ろうか側二列）パン！（手拍子）
列2（まん中の二列）まめまきで
列3（まど側の二列）ぐうたらおにを
列1（ろうか側二列）おいはらう
列2（まん中の二列）パン！（手拍子）
列3（まど側の二列）まめまきで
列1（ろうか側二列）ぐうたらおにを
列2（まん中の二列）おいはらう
列3（まど側の二列）パン！（手拍子）

三回でひと回りすることになります。ずれていって、トータルで一句を全員が読むことになります。

はるとなり あたらしいこと はじめよう
春となり新しいことはじめよう２年

ゆったりと どくしょしながら **はるをまつ**
ゆったりと読書しながら春を待つ２年

がんばった きょうのごほうび **いちご**かな
がんばった今日のごほうびいちごかな５年

いえのなか **バレンタイン**の いいにおい
いえの中バレンタインのいいにおい１年

おとうとは やるきまんまん **おにはそと**
弟はやる気まんまんおにはそと２年

二月の句 松尾芭蕉

おもしろや ことしのはるも たびのそら
おもしろや今年の春も旅の空

うめがかに おいもどさるる さむさかな
梅が香に追ひもどさるる寒さかな

はるたちて まだここのかの のやまかな
春たちてまだ九日の野山哉

うぐいすや もちにふんする えんのさき
鶯や餅に糞する縁の先

うらやまし うきよのきたの やまざくら
うらやまし浮世の北の山桜

《松陰先生の言葉》

二月 松陰先生《しょういんせんせい》のことば・十一

ひとけんぐありといえども
おのおのいちにのさいのうなきはなし
そうごうしてたいせいするときは
かならずぜんびするところあらん

人賢愚ありと雖も
各々一二の才能なきはなし
湊合して大成する時は
必ず全備する所あらん

松陰先生はいいました。
人には、それぞれのうりょくにちがいはあるが、
だれも一つや二つよいところがある。
それをのばせば、かならずりっぱな人になれるであろう。

読み方 ⑮サークル読み

二月にもなると、もう先生が何も言わずとも、子どもたちが進んで読みたいところだと思います。先生が、少し読み方を伝えると、きっと子どもたちで進んで読むようになることでしょう。

〈読み方例〉

A　ひとけんぐありといえども
B　おのおのいちにのさいのうなきはなし
C　そうごうしてたいせいするときは
D　かならずぜんびするところあらん
全員　パン！（手拍子）

ここでも、最初は四人組でそれぞれ読むようにします。慣れてきたら、リーダーの、「しょういんせんせいのことば　イレブン」を合図に、同時に読むようにしましょう。教室の四つの角にＡＢＣＤをそれぞれ集めて読むのもよいでしょう。

《論語とあそぼ》

二月

論語《ろんご》・孔子《こうし》

子《し》曰《いわ》く
①くんしはうれえず、おそれず
②おおくききて
そのよきものをえらびてこれにしたがう
③いまだせいをしらず、いずくんぞしをしらん
④おのれのほっせざるところを、
ひとにほどこすことなかれ

①君子は憂えず、懼れず
りっぱな人はしんぱいしないし、
こわがらない
②多く聞きて
其の善き者を択びてこれに従う
たくさんきいて、その中からよい
ものをえらぶ
③未だ生を知らず、
焉んぞ死を知らん
いきるということについてもよく
わからないのに、どうしてしがわ
かるだろうか
④己れの欲せざる所を、人に施すこ
と勿かれ
じぶんがのぞまないことは、人に
やらないことだ

読み方 ⑮サークル読み

サークルは、四角。四人で読みます。一つ終わるごとに手拍子を入れます。手拍子を全員で入れてもよいでしょう。

〈読み方例①〉
A ろんご にがつ こうし
B し いわく
C くんしはうれえず
D おそれず
A パン！（手拍子）
B おおくききて
C そのよきものを
D えらびてこれにしたがう
A パン！（手拍子）
B いまだせいをしらず
C いずくんぞしをしらん
D パン！（手拍子）

〈読み方例②〉
A ろんご にがつ こうし
B し いわく
C くんしはうれえず
D おそれず
全員 パン！（手拍子）
A おおくききて
B そのよきものを
C えらびてこれにしたがう
全員 パン！（手拍子）
D いまだせいをしらず

二月 楓橋夜泊《ふうきょうやはく》・張継《ちょうけい》

つきおち　からすないて
しも　てんにみつ
月落烏啼霜満天

こうふう　ぎょか
しゅうみんにたいす
江楓漁火対愁眠

こそじょうがいの
かんざんじ
姑蘇城外寒山寺

やはんの　しょうせい
かくせんにいたる
夜半鐘声到客船

月はしずみ、からすがないて、つめたいくうきが空にひろがり、川ぎしのかえでといさりびのせいで、たびにきているのにねむれない。町はずれのおてらがよるになることをしらせるかねの音がわたしのたびのふねにまできこえてくる。

読み方⑦デクレッシェンド読み

人数を少しずつ減らして、声を小さくしていく読み方です。六列で読みますが、クレッシェンド読みとは逆で、だんだん小さくなっていくのを楽しみます。

〈読み方例〉

リーダー	パン！（手拍子）
列123456	ふうきょうやはく
列12345	ちょうけい
列1234	つきおち からすないて
列123	しも てんにみつ
列12	こうふう ぎょか
列1	しゅうみんにたいす
列123456	こそじょうがいの
列12345	かんざんじ
列1234	やはんの しょうせい
列123	かくせんにいたる
全員	パン！（手拍子）

リーダーのパン！（手拍子）で始めるのにも、おそらく抵抗がなくなっていると思います。ここまでずっといっしょに声をそろえてきたのですから、もうみんなリズムや呼吸も身についていることでしょう。最後のいちばん小さくなるところを一人で読む、なんていうこともできると思います。

二月

枕草子《まくらのそうし》・清少納言《せいしょうなごん》

ありがたきもの
ものがたり、しゅうなど
かきうつすにほんにすみつけぬ。
よきそうしなどは、いみじゅう
こころしてかけど、かならずこそ
きたなげになるめれ。

ありがたきもの　物語、集など書き写すに
本に墨つけぬ。よき草子などは、
いみじう心して書けど、かならずこそ
きたなげになるめれ。

めったにないもの。ものがたりなどをかきうつすときに、もとのほんにすみをつけないこと。りっぱなほんは、とてもきをつけるけれど、かならずよごれてしまう。

読み方 ⑥クレッシェンド読み

少しずつ大きくなっていく読み方です。列ごとにやってみましょう。リーダーの手拍子を合図に読み進めていきます。ここでは、三列ごとに大きくなって、また小さくなって、また大きくなるのを感じながら読んでみましょう。

〈読み方例〉

リーダー　パン！（手拍子）
列1　まくらのそうし
列1 2　にがつ
列1 2 3　せいしょうなごん
列1　ありがたきもの
列1 2　ものがたり
列1 2 3　しゅうなど
列1　かきうつすに
列1 2　ほんにすみつけぬ
列1 2 3　よきそうしなどは
列1　いみじゅう　こころしてかけど、
列1 2　かならずこそ
列1 2 3　きたなげになるめれ。
全員　パン！（手拍子）

読み方によってもちがいますが、区切り方を読みやすいように変えてもかまいません。あくまでも子どもたちが読んでいて不自然ではなく、読みやすいのであれば、区切りを変えて読んでみることをおすすめします。

《学級活動であそぼ》

3月 ともにすごした友だちに感謝！

～ありがとうの気持ちをポエムにして声に出そう！

●一年間いろいろなことがありました。楽しかったこと、うれしかったこと、つらかったこと。いつもそばにいてくれた友だちに感謝して一年を終われるとよいですね。

★クラスがえがある学年では別れが近づいています。けんかしたこともあったかもしれまん。それでも、別れとなればさびしいと感じるでしょう。さびしい気持ちもあるとは思いますが、やはり最後は「ありがとう」と言って別れられたらすてきですね。

【目安の学習時間】 40分

【準備するもの】 ●ワークシート　●短冊（八切画用紙をたてに4等分したサイズ）　●模造紙

①「ありがとう」を言いたい人を思い浮かべる。

T　一年をふりかえってみて、だれに「ありがとう」を言いたいと思いますか。

C　先生

C　お父さん

C　お母さん

C　友だち（○○さん）

★いろいろあったなかで、友だちの存在の大きさに気づかせたい。

②感謝の言葉を入れた一行の言葉を考える。

T　「ありがとう」の気持ちを込めて一行の言葉を考えよう。

★「ありがとう○○さん」「○○さんにかんしゃ」「サンキュー○○」のようにシンプルなものにしたい。

③考えた言葉を頭文字にしてポエムを書く。

T　「あ・り・が・と・う・一・く・み」（例）で始まる言葉を考えましょう。

作品例

あんなにけんかしたのに
りんごがすきだったっけ
がんばるすがたが
とくにだいすき
うそみたいにはやく
一年がすぎてしまった
くるしいこともあったけど
みんなで楽しくすごしたな

④できた作品をみんなで声をそろえて読む。

3月 ともにすごした友だちに感謝！

～ありがとうの気持ちをポエムにして声に出そう！

年　組　名前

①一年をふりかえって。あなたはだれに「ありがとう」を言いたいですか。

②一人友だちの名前と「ありがとう」を頭文字にしてポエムを書いてみましょう。

メモ

作品例

あ んなにけんかしたのに
り んごがすきだったっけ
が んばるすがたが
と くにだいすき
う そみたいにはやく
一 年がすぎてしまった
く るしいこともあったけど
み んなで楽しくすごしたな

読み方例　⑬キズナ読み

リーダー パン！（手拍子）
全員 あんなにけんかしたのに
全員 りんごがすきだったっけ
全員 がんばるすがたが
全員 とくにだいすき
全員 うそみたいにはやく
全員 一年がすぎてしまった
全員 クラスがえがいやだ
全員 みんないっしょにいたい
全員 ありがとう一組
全員 パン！（手拍子）

★最後は、感謝をこめて、みんなで声をそろえる。なんてすてきなことでしょう。一年間ともにがんばったからこそできることですよね。

★一人の友だちに向けて書かれたポエムについては、ぜひ、プレゼントしてあげましょう。

おっかけポエム

きょうは**いいてんき**　そとで**あそびたい**
あそびたいけど　**べんきょうがある**
べんきょうあるから　**あした**にしよう
あしたになったら　**あめがふる**かも
あめがふったら　**たいくつ**になる
たいくつになったら　**トランプ**しよう
トランプといったら　**ばばぬき**だよね
ばばぬきあきたら　**なにしよう**
なにしようとか　**かんがえ**てると
かんがえつかない　ことが**おきる**よ
おきるのつらいよ　**げつようび**
げつようびには　**いいてんき**
おあとがよろしいようで！

「きょうはいいてんき」からはじめて、そのあとを、つぎの人が、どんどんつなげていきます。ぜんぶおなじでなくてもよしとします。まえの人がいった文のいちぶをつぎの文のいちぶに入れてみましょう。ないようはあまりかんがえずに、つながればよしということで、わらってすませましょう。

さいごに、さいしょの文にもどれたら、おあとがよろしいようで！と、おわりにしましょう。

読み方 ⑩リレー読み

同じ言葉は同じ人が読んで、同時に読む人が変わっていく、かなり高度な読み方です。グループごとに4～5人くらいで読んでみましょう。

〈読み方例〉

リーダー　おっかけポエム
A　きょうはいいてんき　**AB**　そとであそびたい
BC　あそびたいけど　**CD**　べんきょうがある
DE　べんきょうあるから　**EA**　あしたにしよう
A　きょうはいいてんき
AB　そとであそびたい
BC　あそびたいけど
CD　べんきょうがある
DE　べんきょうあるから
EA　あしたにしよう

なかなかそろわないのも、またおもしろいと思います。でも、ここまで音読に親しんできた子どもたちですから、きっとできると思いますよ。

《季題シート》

三月の季題

春の朝《はるのあさ》
春《はる》　春の風《はるのかぜ》　春休み《はるやすみ》
つくし　ひなまつり　春《はる》うらら
たんぽぽ　ひなあられ　卒業《そつぎょう》
花粉症《かふんしょう》　さくらもち　卒業式《そつぎょうしき》
ホワイトデー　うぐいす
おたまじゃくし

★１つのはいくに１つのきごをいれましょう！

気《き》がつけば、もう三月《さんがつ》。月日《つきひ》の過《す》ぎるのは、とてもはやいものですね。

三月といえば、何《なに》を思《おも》い出《だ》しますか。ひなまつり？卒業式《そつぎょうしき》？学校《がっこう》によっては、クラスがえが気《き》になっている人《ひと》もいますか？一年間《いちねんかん》をふりかえりながら、一句《いっく》詠んでみてください。

作品例

教室をやさしくつつむ**春の風**　3年
かぞくとのえがおいっぱい**ひなまつり**　1年
卒業になみだと笑顔ありがとう　5年
通学路**うぐいす**の歌鳴りひびく　5年
たんぽぽが明日にむかって飛んでゆく　4年
春休み一年間のはんせい会　3年
ホワイトデーもらったものよりいいものを　3年

はいくきょうしつ　おだい「春の風（はるのかぜ）」

みなみからくるあたたかいかぜのことです

三かいの教室からの春の風・2年
このクラスずっといたいな春の風・2年をおてほんにして、
①はるかぜをどんなものからかんじるか
②はるかぜがふくころにどんなことをかんじるか、はるかぜにふかれてかんじたことをかいてみましょう。

5	5	5
7	7	7
5	5	はるのかぜ

小学校
年　組
ふりがな
名前

《俳句とあそぼ》

三月の句

あたらしい　ノートひらいて　**はるのかぜ**
新しいノート開いて春の風・4年

たんぽぽが　みらいにむかって　とんでゆく
たんぽぽが未来に向かって飛んでゆく・5年

ホワイトデー　あのこのえがお　みたいから
ホワイトデーあの子の笑顔みたいから・4年

せんせいも　めがあかくなり　**かふんしょう**
先生も目が赤くなりかふんしょう・2年

そつぎょうしき　ろくねんせいから　もらいなき
卒業式六年生からもらい泣き・5年

読み方⑦デクレッシェンド読み

クレッシェンド読みの反対で、だんだんに小さくなっていく読み方です。最初にいきなり六列（全員）、そのあと四列、二列というふうに読む人数を減らしていきます。

子どもA　三月の句
列1 2 3（全員）【六列】
あたらしい
列1 2（ろうか側二列が抜ける）【四列】
ノートひらいて
列3（まん中の二列が抜ける）【二列】
はるのかぜ
全員　パン！（手拍子）
列1 2 3（全員）【六列】
たんぽぽが
列1 2（ろうか側二列が抜ける）【四列】
みらいにむかって
列3（まん中の二列が抜ける）【二列】
とんでゆく
全員　パン！（手拍子）

だんだん小さくなるのを有効に使って、最後は、一人の子が読むというふうにすることもよいと思います。三十人、十人、一人というように小さくなるのを楽しめるとよいでしょう。

一年間音読を続けてくると、子どもたちはもう自分たちで音読を作り上げるようになります。みんなで声を合わせて音読したことがよい思い出になることを期待しています。

きょうしつを　やさしくつつむ　はるのかぜ

教室をやさしくつつむ春の風３年

かぞくとの　えがおいっぱい　ひなまつり

かぞくとのえがおいっぱいひなまつり１年

そつぎょうに　なみだとえがお　ありがとう

卒業になみだと笑顔ありがとう５年

つうがくろ　うぐいすのうた　なりひびく

通学路うぐいすの歌鳴りひびく５年

たんぽぽが　あすにむかって　とんでゆく

たんぽぽが明日にむかって飛んでゆく４年

三月の句　与謝蕪村

いちりんを　いつつにわけて　うめちりぬ

一輪を五つにわけて梅ちりぬ

ふるにわに　うぐいすなきぬ　ひもすがら

古庭に鶯啼きぬ日もすがら

ひなまつる　みやこはずれや　もものつき

雛祭る都はづれや桃の月

はるのうみ　ひねもすのたり　のたりかな

春の海ひねもすのたりのたりかな

なのはなや　つきはひがしに　ひはにしに

菜の花や月は東に日は西に

三月

松陰先生《しょういんせんせい》のことば・十二

そのこころをつくすものは
そのせいをしるなり
そのせいをしれば
すなわちてんをしる

《松陰先生の言葉》

其の心を尽くす者は
其の性を知るなり
其の性を知れば則ち天を知る

松陰先生はいいました。
ひとがこころいっぱいのことをおこなえば、
善（ぜん）なることをしる。一日より二日
三日より百日千日とつみかさねてゆきなさい。
天（てん）が善をこのむということをしるから。（完）

読み方 ⑦デクレッシェンド読み

『松陰先生のことば』も最後となりました。松陰先生の言葉は、どのくらい子どもたちに響いたことでしょうか。それが音読にも少なからず表われてくるはずです。何より子どもたちの表情が目安です。楽しそうに読んでいるか。読んだあとに充実感を得られているか。

〈読み方例〉

リーダー　そのこころをつくすものは
列123（全員）【六列】　そのせいをしるなり
列12（ろうか側二列が抜ける）【四列】
　そのせいをしれば
列3（まん中の二列が抜ける）【二列】
　すなわちてんをしる
全員　パン！（手拍子）

松陰先生のことばを音読してきた子どもたちは、きっと多くのことを学んだことでしょう。いっしょに読んできた先生たちにとっても同じだと思います。読んできた文のいくつかを暗唱できる子もいるでしょう。子どものころに覚えた文は、大人になっても忘れないものです。

松陰先生の思いを自分なりに受け取って、自分の生活に生かせることが少しでもあったらよいなあと思います。

自分自身が新しい環境を迎えるとき、新たな気持ちで物事に臨もうとする時など、松陰先生のことばを思い出してほしいと思います。

《論語とあそぼ》

三月

論語《ろんご》・孔子《こうし》

子《し》曰《いわ》く　①まずそのげんをおこない、
しかしてのちにこれにしたがう
②しんなくんばたたず
③いなく、ひつなく、こなく、がなし
④まなべばすなわちこならず

①**先ず其の言を行い、而して後にこれに従う**
まずじぶんでいおうとしていることをやってみて、それから人にいうことだ

②**信なくんば立たず**
しんじるものがなければ、じぶんでたっていられない

③**意なく、必なく、固なく、我なし**
じぶんかってなこころをもたす、むりやりにすることがなく、ものごとにこだわらず、がをはらない

④**学べば則ち固ならず**
いろんなふうにかんがえられるようになるためにべんきょうするんだ

読み方 ⑦デクレッシェンド読み

『論語』も最後となりました。クラス全員での音読も、三月を残すだけとなりました。最後を飾るのは、デクレッシェンド読みです。

〈読み方例〉
リーダー　ろんご　さんがつ　こうし
列123（全員）【六列】　し　いわく
列12（ろうか側二列が抜ける）【四列】
まずそのげんをおこない
列3（まん中の二列が抜ける）【二列】
しかしてのちにこれにしたがう
全員　パン！（手拍子）
列123（全員）【六列】　しんなくんばたたず
全員　パン！（手拍子）
列123（全員）【六列】　いなく
列12（ろうか側二列が抜ける）【四列】　ひつなく
列3（まん中の二列が抜ける）【二列】　こなく
リーダー【一人】　がなし
列123（全員）【六列】　まなべば　すなわちこならず
全員　パン！（手拍子）
最後の日まで教室に子どもたちの声が響くなんて、すてきなことだと思いませんか。しかも、クラス全員の声が、一つになって校舎に響く。
ここまで続けていくと、子どもたちの音読は、四月のころより格段に上達していることでしょう。何よりも、全員声が一つになる一体感、声を出すことで得られる活力、これらは、きっと子どもたちにも先生にも、わすれられない宝物となったのではないでしょうか。

三月 江南《こうなん》の春《はる》・杜牧《とぼく》

せんり　うぐいすないて
みどりくれないにえいず
千里鶯啼緑映紅

すいそん　さんかく
しゅきのかぜ
水村山郭酒旗風

なんちょう　しひゃく
はっしんじ
南朝四百八十寺

たしょうの　ろうだい
えんうのうち
多少楼台煙雨中

あたりいちめんにうぐいすがないて、木のみどりが花の赤にてりはえている。川のすぐちかくのむら、山のちかくの村、かぜにはためくさかやの青いはたじるし。むかしにたてられたおてらのたくさんのとうが、はるのあめの中にけぶっている。

読み方 ⑬キズナ読み

漢詩も最後となりました。クラス全員での音読も、三月となれば先生が口をはさむこともないくらいではないかと思います。もしかしたら、自分たちで読み方を考えたい、なんていう声も聞かれることでしょう。

〈読み方例〉

リーダー　パン！（手拍子）
全員　こうなんのはる　とぼく
全員　せんりうぐいすないて
全員　みどりくれないにえいず
全員　すいそんさんかく
全員　しゅきのかぜ
全員　なんちょうしひゃくはっしんじ
全員　たしょうのろうだい
全員　えんうのうち

三月には、ぜひ音読発表会を企画してほしいと思います。先生が主導してもよいですし、高学年になれば、子どもたちから実行委員を集めて行ってもよいかと思います。

できれば、一年間練習してきた成果を、全校の前で発表するとか授業参観で保護者の方に聞いていただくとかあるとさらによいのではないかと思います。

合唱コンクールがあるのですから、音読コンクールなるものだってあってもよいのではないかと考えています。そんなに大それたことをするのではなくとも、ぜひ音読のすばらしさを多くの方に知っていただけたらと思います。

三月

枕草子《まくらのそうし》・清《せい》少《しょう》納《な》言《ごん》

さくらのいちじょうばかりにて
いみじゅうさきたるようにて、
みはしのもとにあれば、
「いととくさきにけるかな。
うめこそただいまはさかりなれ」
とみゆるは、つくりたるなりけり。

桜の一丈ばかりにていみじう咲きたるやうにて、
御階のもとにあれば、「いととく咲きにけるかな。
梅こそただいま盛りなれ」と見ゆるは、
作りたるなりけり。

「こうろほうのゆきはすだれをかかげて見る」というちゅうごくのポエムがあります。ていしさまと少納言さんのやりとりです。少納言さんは、そのポエムとおなじことをして見せたのです。二人はふかくつうじあっていました。ゆきのあとはさくら。でも、じつはつくりものだったのです。それを少納言さんは、「はるのかぜのしわざです」とかえしたのでした。あたまのよい人だったのですね。

読み方⑬キズナ読み

最後は、やはり全員で声をそろえて終わりたいものです。二人または三人でのキズナ読みよりもレベルを上げて、全員の声をそろえるのは、かなり高度な読み方かもしれません。しかし、一年を通して読んできたクラスであれば、それもできるはずです。自分以外の友だちの声をよく聞いて、そこに自分の声をのせてゆくという、なんとも美しい読み方ではありませんか。

〈読み方例〉

リーダー　パン！（手拍子）
全員　まくらのそうし　にがつ　せいしょうなごん
全員　さくらのいちじょうばかりにて
全員　いみじゅうさきたるようにて、
全員　みはしのもとにあれば、
全員　いととくさきにけるかな
全員　うめこそただいまはさかりなれ
全員　とみゆるは、つくりたるなりけり。
全員　パン！（手拍子）

一年間に一つ、毎日行うことは、いくつあるでしょうか。あいさつくらいでしょうか。そうじも給食も、毎日はありませんよね。でも、毎日音読するくらいの時間はとれるのではないでしょうか。朝の会であいさつをしたあとすぐとか、朝の歌を歌い終わってからなど。短い時間ですばらしい効果が見られるはずです。そして、毎日声を出して、自分の耳から入ってゆき、体にしみこんだ文は、必ずや子どもたちにとって、すばらしい宝物になることでしょう。一年間、クラスの仲間と声を合わせたことこそが、クラスの財産となることを祈ってやみません。

●著者紹介●

加藤　誠則（かとう・まさのり）

1966（昭和41）年、千葉県生まれ。千葉大学教育学部（教育学専修）卒業後、富里町立（当時）富里南小学校、酒々井町立酒々井小学校、成田市立八生小学校、佐倉市立臼井小学校（長嶋茂雄さんの母校）、佐倉市立根郷小学校の各教諭を務め、2016（平成28）年４月より、酒々井町立酒々井小学校教諭。

日本国語教師の会欅の会（お茶の水女子大学附属小学校にて定例会）

日本学校俳句研究会幹事

柔道２段。現在、相撲部稽古担当。

著書に『読み方いろいろ音読プリント』（学事出版）、『10分間俳句ノート』『名句を読んで写して楽しくつくる俳句ワークシート集』『楽しい俳句の授業アイデア５０』（いずれも分担執筆、学事出版）などがある。

一枚俳句集「ハートランド」で音読資料「にほんごであそぼ」「季題シート」を毎月配信中。ご希望の方は下記アドレスへ連絡を。

連絡先 heartland1024@yahoo.co.jp

日本学校俳句研究会ホームページ

http://gakkohaiku.sitemix.jp/

学級活動にも使える **読み方いろいろ音読 言葉あそび**

2019 年 12 月 12 日　初版第 1 刷発行

著　者――加藤誠則

発行者――安部英行

発行所――学事出版株式会社

〒 101-0021　東京都千代田区外神田２－２－３

電話 03-3255-5471　FAX 03-3255-0248

ホームページ　http：//www.gakuji.co.jp

編集担当：丸山久夫

装　　丁：精文堂印刷デザイン室　内炭篤詞

印刷・製本：精文堂印刷株式会社

ISBN978- 4 -7619-2600-7　C3037